Pilgern in Skandinavien

Umschlagfoto: Rentiere am Altafjord

Dirk Eickmeyer

Pilgern in Skandinavien

Tagebuchaufzeichnungen
in Lappland

Fotos & Gestaltung
vom Verfasser

Das Leben ist nicht so,
es ist ganz anders.

Jean-Paul Sartre

Bibliografische Information der Deutschen Nationalbibliothek: Die Deutsche Nationalbibliothek verzeichnet diese Publikation in der Deutschen Nationalbibliografie; detaillierte bibliografische Daten sind im Internet über www.dnb.de abrufbar.

3. Auflage 2015

Eickmeyer, Dirk
dirk.eickmeyer@web.de

Pilgern in Skandinavien, *Tagebuchaufzeichnungen in Lappland*

© 2014 Dirk Eickmeyer
Herstellung und Verlag: BoD - Books on Demand, Norderstedt
ISBN 9783735759733

Inhaltsverzeichnis

Vorwort	9
Die Anreise	11
Das Reiseziel, der hohe Norden	16
1. Am nördlichen Bottnischen Meerbusen	16
von Kalix über Haparanda bis Tornio	
2. In den Wäldern Nordfinnlands	21
von Rovaniemi über Unari und Inari nach Näätämö	
2.a. 1. Pilgerweg	23
von Unari an die Ufer des Kukasjärvi	
2.b. 2. Pilgerweg	32
auf die Hügel nördlich des Inarisees	
3. Nordnorwegen	42
vom Kosinfjell über Kirkenes, die Varangerhalbinsel, Tana bru, die Nordkynhalbinsel, das Torskefjell, Kvalsund, das Altensfjell bis Kautokeino	
3.a. 3. Pilgerweg	54
ins Innere der Varangerhalbinsel	
3.b. 4. Pilgerweg	66
zur Finnkjrka bei Kjøllefjord	
4. In den Wäldern Nordschwedens	87
von Kiruna, über Jokkmokk, Arvidsjaur bis Swedje	

Vorwort

Zusammen mit meinem Hund Struppi habe ich einen Sommer in Lappland verbracht. Wir sind in die Wildnis gewandert. Wir haben magische Orte aufgesucht. An diesen Plätzen können Menschen das Gefühl haben, Gott sehr nahe zu sein.
Über diese vergessenen, geheimnisvollen Orte, die von samischer Vorgeschichte zeugen, lag mir kein Verzeichnis vor.
Somit blieb mir nichts anderes übrig, als die samischen Bewohner darauf anzusprechen. Ich wollte wissen, ob ihnen Stätten in der Wildnis bekannt sind, an denen ich auf Artefakte stoßen werde. Möglicherweise sind ihnen Feuerstellen, Reste ehemaliger Goahtis oder Opferplätze aus der schamanischen Epoche bekannt.
Christen, Moslems, Juden, Buddhisten und Hindus suchen Stätten ähnlicher Art auf. Sie machen sich auf den Weg. Sie pilgern.

Das Pilgern ist somit nicht an einen der berühmten christlichen Wallfahrtswege, wie den Jakobsweg oder den Pilegrimsleden, gebunden.

Vielmehr ist der Pilger auf Pfaden unterwegs, die ihn zu sich selbst führen. Dabei kommt er dem Göttlichen unter Umständen ein wenig näher.

Und ich, Paganist oder Pantheist, wanderte dorthin, dorthin, wo Menschen sich seit jeher versammelt haben, um ihren Göttern zu opfern. Diese Stätten, dem mythisch Kosmischen verbunden, habe ich gesucht.

Vielleicht wird sich mancher nach dem Lesen dieser kleinen Lektüre die Frage stellen: Was haben all' diese geäußerten Gedanken mit einer Pilgerschaft zu tun?

Pilgern ist für mich kein Event. Pilgern ist der Weg nach Innen. Pilgern ist die große Suche nach dem Großen. Pilgern bedeutet auch, sich auf den Weg zu machen, sich Dinge näher anzusehen, Gedanken zuzulassen, sich in Verzeihung zu üben, sich Bewertungen anderer anzuschauen, ohne diese ebenfalls zu bewerten. Pilgern ist eine Zeit der Kontemplation. Dieser Weg ist voller innerer Barrieren. Die Wege, die ich wählte, führten durch sumpfiges Land, durch Flüsse und über Geröllfelder. Sie waren voller Barrieren. Diese Pilgerschaften waren voll von inneren und äußeren Barrieren. So ist das Leben.

Und Pilgern bedeutet letztendlich den Rückzug aus der Welt der Gier, des bewertet werdens, der Vergleiche, der Lügen und Machenschaften.

Nur in einem solchen Umfeld gelange ich zur Klarheit, mit der ich nach den Wanderungen in die alte Welt zurückkehren werde.

Die Anreise

 21. Mai

Ich verlasse mein Land. Silbergrün verneigt sich die Gerste zum Abschied. Die Tage werden immer länger. Gegen 23 Uhr flüstert der gehende Tag mir ein Lebewohl mit einem tiefdunklen Türkis im Westen zu. Es ist an der Zeit, nach Thule zu fahren. Nördlich des Polarkreises wird es für die vor mir liegenden Wochen kein Dunkel mehr geben.

Wir rasten am Bannetzer Moor. Eine Nachtigall schlägt und pfeift und wimmert.

Als ich am nächsten Morgen gut ausgeschlafen erwache, ist Struppi bereits hellwach. Gebannt sieht er den Kaninchen beim Grasen zu.

Der unaufdringliche Duft ätherischer Öle, die der Gagelstrauch eingelagert hat, verströmt sich beinahe unbemerkt.

Im Traum durchwanderte ich die Nacht:
Es ist Frühlingserwachen. Eine zarte Duftwelle weht mich an, ein Frühblüher, ein Hauch von Schlehe vielleicht. Und während die Nacht beginnt heller zu werden, da kommt mir ein alter Mann entgegen. Sein Gesicht ist von Falten tief zerfurcht, seine Haare sind grau und zottelig.
Ich sehe in sein Gesicht und finde es nicht. Wer ist er? Ich habe ihn nie zuvor gesehen. Er spricht mich an. Phaidros sei sein Name.
Phaidros sagt: *"Ich bin nicht der, für den Ihr mich haltet. Ich lasse euch reden. Ich lasse euch ziehen. Mit euch wird die Enge innerer Zwänge vergehen, während mir der Wind der Freiheit entgegenweht."*
Das Gefühl, ALLES gehen zu lassen, ALLES zu geben, das ist Freiheit.

Der Traum war gut. Ich fühle mich gestärkt. Der Tag beginnt. Gleich fahre ich los. Wohin genau? Werde ich schon sehen.
Mein Ziel ist die Varangerhalbinsel. Bis dort liegen über 3000 Kilometer Fahrweg vor mir.

24. Mai

Kaum ist man über Dänemark ins südschwedische Helsingborg gelangt, stößt man außerhalb der Ortschaft auf Warnhinweise, dass Elche die Fahrbahn kreuzen können.

Die südschwedische Landschaft erinnert an Mecklenburg-Vorpommern. Um Elche zu beobachten, muss man nicht in die entlegenen, einsamen Landschaften Lapplands reisen. In Südschweden soll es bereits Elche geben. Und es gibt sie hier tatsächlich. Heute sah ich einen Elch, der ein Rapsfeld querte und eine Elchkuh mit ihren beiden Kälbern auf einer waldnahen Wiese weiden.

Hoch im Norden werden die Warnhinweise auf kreuzende Rentiere häufiger.

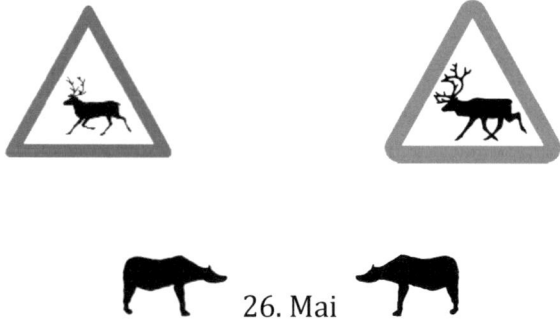

26. Mai

Die kommende Nacht ist kurz. Wir schlafen unter dem freien Himmel auf einem wilden, kurzrasigen Grün, das sich dünn

über den von eiszeitlichen Gletschern glattgeschliffenen Granit zieht.
Mein Hund blickt auf die nachtruhige Ostsee. Ich denke, er mag dieses freie, ungeregelte Leben im Draußen.

Um 3:45 Uhr ist es hell. Rotorange durchbricht die Sonne den Nebel. In Senken hält er sich noch bis 5 Uhr. Der frühe Morgen in Sörmland, die Menschen schlafen noch, Elche stehen am Waldrand, Kahlwild zieht in die Wiese, Wildschweine durchwühlen den Acker, 3 Kraniche schreiten dicht daneben an der Furche entlang, ein Fuchs sucht nach Mäusen, das Leben ist großartig.

Über Hudiksvall gelangen wir auf die östlich vorgelagerte Halbinsel Hornslandet. Die Insel Kuggörarna ist durch eine schmale Straße mit der Halbinsel verbunden. Wir genießen Schweden und den Sommer und das Meer.

Während die Frühstückseier im kochenden Wasser auf dem Blechboden des Kochtopfes tanzen, höre ich Chopins Nocturnes, eingespielt von Rubinstein. Dem Klang der sanft angeschlagenen Klaviertasten zu lauschen ist ein wahrer Genuss. Die *Nocturne No. 1, Op. 9 in B-flat* zum Frühstück, der traurige Gesang des Rotkehlchens verblasst neben dieser Schöpfung. Schwermut und Wehmut sind eben doch nah Verwandte.

Ein historischer Segelkahn fährt aufs Meer, Möwen lachen, die Sonne wärmt, kann ein Tag schöner beginnen?

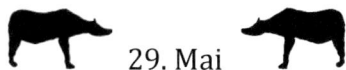
29. Mai

Ein sonnenleichter Tag hat begonnen. Das Wasser am Strand von Juniskär ist flach und aufgewärmt. Struppi badet, ich auch.
Zwischen Sundsvall und Örnsköldsvik führt die Europastraße 4 durch hügeliges Gelände, und die Ausblicke auf den Bottnischen Meerbusen sind grenzenlos. Die Inseln vor der Küste bleiben ungezählt.
Zwischen Byske und Abyn wird es nicht mehr richtig dunkel. Wir nähern uns dem Land der Nachtsonne.

Mitternacht

morgens um 8 Uhr

Das Reiseziel, der hohe Norden

1. Am nördlichen Bottnischen Meerbusen
von Kalix über Haparanda bis Tornio

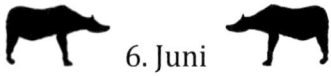

6. Juni

Wir haben das nördliche Ende des Bottenviken, des Bottnischen Meerbusens erreicht. Dieser nördliche Meeresbereich liegt im Winter mehrere Monate unter einem Eispanzer, welcher so mächtig ist, dass er sogar von schweren Lastwagen befahren werden kann. Vorgelagerte Inseln werden im Winter direkt angesteuert.

Kalix liegt in Schwedens nördlichster Provinz, in Norrbotten. Diese Provinz ist der schwedische Teil der Nordkalotte. Nach Jämtland ist Norrbotten die am dünnsten besiedelte Provinz Schwedens. Hier leben durchschnittlich 2,4 Menschen pro km². In Nordrhein-Westfalen wohnen, um diese Zahl besser zu verdeutlichen, durchschnittlich 515 Menschen pro km².

Heute empfängt uns Kalix sommersonnenwarm. Die Bewohner können mein Erstaunen über dieses sommerliche Wetter nicht nachvollziehen. *'So sind unsere Sommer'*, bekomme ich zu hören.
Die Länge der Luftlinie zwischen Bad Salzuflen und Kalix beträgt immerhin gute 1.750 Kilometer.

Badefreuden am Kalixälven 1750 Kilometer nördlich von Bad Salzuflen

Das Wasser des Kalixälven kommt aus den Bergen und fließt langsam am Ort vorbei zum Meer. Es ist kalt. Die Lufttemperatur beträgt heute 21°C. Die Menschen lassen sich bei solch sommerlichen Temperaturen nicht abhalten, im Fluss zu baden.

am Kalixälven bei Kalix

9. Juni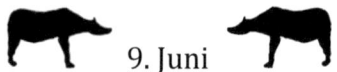

Haparanda dehnt sich am Westufer des Torneälven aus. Der Fluss entspringt im schwedischen Gebirge nordwestlich Kirunas. Von dort schlängelt er sich über 400 Kilometer durch Lappland, um unmittelbar südlich von Haparanda in den Bottnischen Meerbusen zu münden.
Die Stadt hat 5.000 Einwohner und gehört wie Kalix zur nordschwedischen Provinz Norrbotten. Sowohl in Haparanda als auch im südschwedischen Malmö wird wegen der Nähe zur Europäischen Gemeinschaft der Euro als Zahlungsmittel in den Läden akzeptiert.

Der Stadtpark Haparandas zieht sich am Torneälven entlang. Der Fluss wird am nördlichen Ende der Grünanlage von einer Autobrücke und am südlichen Ende von einer Eisenbahnbrücke überspannt. Auf der östlichen Flussseite beginnt Finnland.
Ich setze mich auf eine Bank und lese in einem Buch, das mir vor vielen Jahren kommentarlos geschenkt wurde. Ich lese und lese. Struppi wälzt sich auf dem Rasen und genießt wie ich den Tag.
Unterwegssein bedeutet für mich, mir Zeit zu lassen. Den Weg nach Innen zu betreten, heißt auch, von Tag zu Tag achtsamer zu werden. Wenn ich mir im Heute Zeit nehme, dann werde ich im Innen ankommen. In diesem Bewusstsein lebe ich mehr und mehr.

Beim Lesen schweifen meine Gedanken immer wieder ins Gestern.

Hanns-Josef Ortheils Roman *'Die große Liebe'* liest sich leicht und fesselt zugleich. Immer wieder blicke ich zwischendurch auf den Umschlag, auf den Titel. *'Die große Liebe'*. *'Nomen est omen'* denke ich.

Einst begegnete mir die Güte. Ich hatte es nicht bemerkt und bin weitergegangen.

2.350 Kilometer bin ich bis Haparanda gefahren. Ich sitze auf einer Bank im Halbschatten der Birken, blicke über die sanft fließenden Wasser des Torneälven, lese und begreife...

In der Reflexion entsteht das Mitgefühl, das in der Vergebung mündet. Es bedarf keiner äußeren Aussprache mehr, um innere Versöhnung zu erlangen. Diese Gedanken werde ich ganz bald in Form von Rauch abgeben und aufsteigen lassen.

So ist das Leben, verdammt noch mal, so ist das Leben.

Der Torneälven trennt die schwedische Stadt Haparanda von der finnischen Stadt Tornio. Tornio wird bereits im Mittelalter als Marktflecken erwähnt.

Heute verfügt die Stadt über ein modernes Einkaufszentrum, das *'Rajalla På Gränsen Shoppingcenter'*, das ebenso von den Einwohnern des schwedischen Haparandas genutzt wird. Hinter Tornio führt die

Europastraße 4 westlich am Kemijoki entlang nach Rovaniemi. Waldland und Wiesen wechseln sich ab. Diese Region kann ich nicht mit Lappland verbinden.

2. In den Wäldern Nordfinnlands
von Rovaniemi über Unari und Inari nach Näätämö

 18. Juni

Immer wieder versperren Rentiere den Weg. Wenn Struppi und ich aussteigen, traben sie von der Fahrbahn zurück in

den Schutz der Wälder. Bleiben wir im Auto, so sind sie von uns recht unbeeindruckt. Wir haben alle Zeit der Welt. Ich schalte den Motor aus. Mein Hund ist angespannt, dreht und wendet sich. Von beiden Seiten bewegt sich die Herde ums Auto. Ein kapitaler Hirsch kommt ganz nah ans Fenster der Fahrertür und schaut mich an.

Statt der bekannten und meistbefahrenen Europastraße 75 über Rovaniemi nach Inari zu folgen, ziehe ich es vor, Inari auf Umwegen zu erreichen.
Tagelang halten wir uns im unberührten Waldland nordwestlich von Rovaniemi auf. Die Reise führt auf teils unbefestigten Straßen durch stille Wälder und Moore.
Über die Meltauksentie mit der Markierung 952 gelange ich zur Siedlung Unari am Südufer des gleichnamigen Sees.

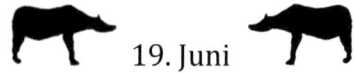 19. Juni

In Unari spreche ich den Rentierzüchter Johá an. Johá berichtet mir von einem Opferplatz am östlichen Ufer des Kukasjärvi. Es gibt keinen markierten Weg. Ich solle einen guten Kilometer am Ufer des Kukasjärvi entlanggehen. Schon bald werde ich auf eine nicht zu übersehende Steinformation stoßen...
Die Beschreibung des Ortes ist so ungefähr wie die Wegroute verschlungen. Am nächsten Tag gehen wir los.

2.a. 1. Pilgerweg
von Unari an die Ufer des Kukasjärvi

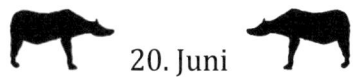

Wir durchwandern das lichte Waldland. Sümpfe umgehen wir. Die Moskitos schlafen im bodendeckenden Moltebeerengesträuch. Unser Schritt schreckt sie auf. Pilgern kann beschwerlich sein.

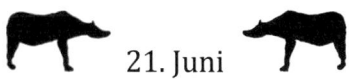

Am zweiten Tag erreichen wir einen seltsamen See. Der Abend beginnt. Wenn der Geist des großen Geistes über den See fällt, dann wird der See ganz still. Das Wasser ist be-

wegungslos. Ich empfinde einfach nur Ehrfurcht vor so viel Glanz.
Abrupt wird die Stille von lauten, scharfen, metallischen Rufen zerschnitten. Wenn ich nicht wüsste, dass es sich um balzende Prachttaucher handelt, dann wäre ich mir sicher, dass die Schreie Stimmen sind, die aus einer anderen Welt zu uns sprechen. Wir müssen dem Ziel sehr nahe sein, denke ich.
Eigentlich sollte die Balz dieser imponierenden Vögel vorüber sein, wer weiß, vielleicht verbirgt sich ja doch etwas Unerwartetes dahinter...
Diesen Ort wähle ich als Nachtquartier.
Ob ich am Ziel auf Artefakte stoßen werde oder nicht, das ist unerheblich. Wandern und Pilgern gehören zusammen. Ich gehe in dem Bewusstsein, dass schon viele vor mir hier gegangen sind. Das ist wichtig, das verbindet, das schwingt. Die Gedanken fließen, der Kopf wird klar.
Ob es Zufälle gibt, darüber scheiden sich die Geister. Ob man einen Zustand von vorübergehender Glückseligkeit erreicht, das überlasse ich nicht dem Zufall. Ich kann etwas dafür tun, dass sich ein gutes Gefühl einstellt. Ich habe die Wahl, ob ich mich für Verdrängung oder Auseinandersetzung entscheide. Die Konsequenz meiner Entscheidung wäre unter Umständen folgenschwer. Die Auseinandersetzung ist der einzig vorstellbare Weg für mich. Die Pilgerwege dieses Sommers werden Wege der Auseinandersetzung, Wege der Entscheidung und Wege des Verzeihens. Die Reihenfolge, in der ich die drei zu gehenden Wege mitteile, ist nicht zufällig.

(b.w. auf Seite 26)

Am bewegungslosen, nächtlichen Kukasjärvi...

Der mitternächtliche Wald...

Nach Mitternacht ziehen Rentiere durch die schlafende Siedlung Unari

Mitternacht am seltsamen See

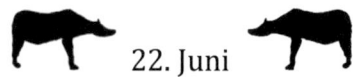 22. Juni

Am dritten Tag erreichen wir den Fluss, den Kukasjärvi, das Ziel. Der spärliche Wald reicht bis ans Ufer. Wir gehen eine halbe Stunde am Ufer entlang und stoßen schließlich auf die Steinformation, von der Johá erzählt hat. Der Wald hat sie überwachsen. Es scheint kein staatliches Interesse zu geben, den Ort zu erhalten oder gar für Wanderer zu kennzeichnen. Doch eines ist gewiss, der Zauber des Ortes ist spürbar. Ich beschließe, hier ein Lager aufzuschlagen.

Struppi legt sich ins Wasser um anschließend in wilden Runden über die Heide zu rennen. Ich entfache ein Feuer und hänge einen Topf mit Wasser darüber. Ein Kaffee wird mir jetzt gut tun. Struppi sieht mir zu. Er blickt mich so von der Seite an. *'Immer wieder, wenn ich in Deine Augen blicke, dann sehe ich diese große Trauer. Mein guter, alter Freund, was*

macht Dich so traurig? Ist Deine Traurigkeit womöglich dieselbe, die auch mich erfüllt?'
Ich denke, dass dies Momente sind, in denen ich mich mit meinem Hund vereint fühle.

Er sieht mich an.

Der Sommer steht vor uns. Wir haben Lappland betreten. Das Buch der Fragen hat begonnen:

Sind wir uns im gegenseitigen Nichtverstehen begegnet?
Was wollten wir voneinander?
Was haben wir uns vorgemacht?
Was ist uns gelungen?
Wo wollten wir hin?
Was war unser gemeinsames Ziel?
Welche Sehnsüchte haben wir geteilt?
Welche Sorgen haben wir überwunden?
Was ist wirklich?

Die Antworten sprudeln mir in diesen Wäldern wie klarstes Quellwasser entgegen. Bei jedem Schritt durch den Wald begleiten sie mich:

*Das Leben ist einfach.
Was ist, ist.
Was nicht ist, ist nicht.*

Heute fühle ich mich wie die Festigkeit des Felsmassives. Und morgen bin ich der Fluss, der fließt.

Mittlerweile ist das Feuer heruntergebrannt. Ich lege trockene Birkenreiser nach. *Piff Paff*, es knallt, die Flammen züngeln. Kerzengerade zieht der Rauch der blauen Unendlichkeit entgegen. Nochmals denke ich an den Buchtitel *'Die große Liebe'*.
Und dann spüre ich, dass sie mitgeflogen ist, zerstoben im Azur, entlassen aus Missverständnissen, versöhnt im Innern. Ich danke der Größe, die das ermöglicht hat. Ich danke dem Herrn.
Morgen werden wir in die Zivilisation zurückkehren.

 3. Juli

Der Ort Inari liegt in der Gemeinde Inari, deren Verwaltungssitz die südlich von Inari gelegene Stadt Ivalo ist. Inari ist die flächenmäßig größte Gemeinde Finnlands. Gegenüber einer Bevölkerungsdichte von etwa 0,45 Menschen pro km^2 ist die zuvor erwähnte schwedische Provinz Norrbotten mit etwa 2,4 Menschen pro km^2 geradezu dicht besiedelt.

Große Bereiche wie etwa das *Muotkatunturin erämaa-alue Areal* zwischen Gáregasnjárga, Inari und Aŋŋel sind nahezu unbewohnte Wildnis.

Wir zelten nahe am steinigen Nordufer des kalten, eigentümlichen Sees, dem Inarijärvi. Irgendwo da draußen liegt die heilige Insel Ukonsaari. Dort sollen die Seelen verstorbener Samen leben. Zu gerne würde ich Aslak Turi begegnen, mit ihm ein Stück des Weges gehen. Über welchen Hügeln wird sein Geist wehen, an welchem Feuer wird er sich wärmen? Wo werden sich unsere Wege kreuzen? Vielleicht auf der Insel Ukonsaari?

Der völlig unspektakuläre Ort Inari am gleichnamigen See ist beinahe ein Muss auf einer Nordlandfahrt. Das Zentrum bildet ein großer, asphaltierter Platz, an dem ein Supermarkt mit Poststelle, ein Touristencenter, eine Tankstelle und das spätestens durch den Film 'Zugvögel... Einmal nach Inari' bcrühmt gcwordene Hotel Inari liegt.

Den angesprochenen Film kann ich im Übrigen jedem empfehlen, der sich vor einer Nordlandreise auf den hohen Norden einstimmen möchte. Der Film ersetzt keinen Dokumentarfilm über Finnland so wie Bölls *Irisches Tagebuch* keinen Reiseführer über Irland ersetzt.

Sowohl der Film als auch das *Irische Tagebuch* handeln von Stimmungen und Begegnungen, erzählen Geschichten, geben Eindrücke wieder.

Wer Low-Budget-Filme, Roadmovies und Filme, die sich durch eine Ansammlung mannigfaltiger Begegnungen auszeichnen, mag, wird diesen Film genießen.
Ich habe ihn mehrfach genossen. Und ich genieße den Ort Inari.
Täglich kommen Reisebusse aus aller Herren Länder. Die Touristen besuchen das *Lahjatalo Näkkäläjärvi Oy*, trinken noch einen Kaffee im angebauten Café und fahren weiter.
Danach kehrt wieder Ruhe im Ort ein. Zurück bleiben ortsansässige Gewerbetreibende, Berufsfischer, Rentierzüchter und einige Reisende, die sich für längere Zeit einquartiert haben. Das legendäre Hotel Inari ist ein Treffpunkt unterschiedlichster Menschen. Man sitzt bei jedem Wetter im Freien unter einem Vordach, genießt die hellen Nächte und ein paar Biere.

4. Juli

In Inari begegne ich Lávrrohaš. Er sagt mir: *"Meide die Insel Ukonsaari. Sie wird täglich von Reisenden besucht. Dort wirst Du nicht das finden, wonach Du suchst.*
Gehe nach Paloniemi. Von dort wähle den Weg nach Osten, bis Du erneut auf den großen See stößt. Dann gehst Du nach Norden bis zu den Hügeln. Dort wirst Du das antreffen, wonach Dein Herz schlägt."

Am Abend verlassen wir Inari, folgen einige Kilometer der Kaamasentie nach Norden, um schon kurz darauf auf der Sevettijärventie Richtung Nordosten, Richtung Kirkenes weiter zu fahren.

'Midsommar', wie man in Schweden sagt, ist vorüber. In der Heide wachsen bereits schmackhafte Pilze, überall gibt es eisiges, klares Wasser. Das ist gut. Somit muss ich auf meiner nächsten Wanderung weniger Proviant im Rucksack mitnehmen.
Die heutige Nacht schlafen wir an einem Bootsanleger am Rande der Wildnis. Bis Inari sind es ungefähr 30 Kilometer.

2.b. 2. Pilgerweg
auf die Hügel nördlich des Inarisees

5. Juli

Wir gehen am steinigen Ufer entlang. Gegenblättriger Steinbrech streckt seine purpurnen Blüten dem Licht entgegen. Das Leben ist nicht kompliziert, es findet seine eigenen Wege. Ich pilgere.

Mir geht so vieles durch den Kopf. War es Phaidros, der mir zuflüsterte *'Ich war an Deinem 1. Tag bei Dir, ich komme an Deinem letzten.'* Ich weiß es nicht. Doch es beruhigt mich.

Jetzt bin ich 10 Millionen 763 Tausend Kilometer weit entfernt von Dir. Noch gestern war ich in dieser geschäftigen, großen Stadt. Ich war dort. Ich war so mutterseelenallein.

Und heute stehe ich an den Ufern dieses Sees. Das Gefühl der Einsamkeit ist verflogen.

Wie so oft gehen mir vor Beginn einer Wanderschaft Fragen durch den Kopf:

Wo enden diese Wasser?
Wo enden diese Wälder, dieses Baum an Baum?
Wie weit erstreckt sich die Taiga?
Wird sich der Elch erschrecken, wenn er merkt, dass ich kein Elch bin?
Wo ist die Einsamkeit, die mich noch gestern ereilte? Wo sind die Menschen und ihre Lügen?

Die Entfernung zum Ersehnten verblasst mit dem Hauch des Unvermeidbaren.
Etwa 50 Kilometer nordöstlich von hier liegt der Hügel. Dort oben befindet sich ein samischer Opferplatz. Dieser Ort ist mein Ziel.

Es gibt Ereignisse im Leben, die mich nie verlassen haben. So gab es *'diese Sache'*, die mir im Jungenalter anvertraut wurde. Ich durfte sie niemandem weitererzählen. Niemand wusste davon. Nur sie und er und ich, vielleicht. Und sie löste eine bleierne Schwere in mir aus, die mich fortan nie mehr verlassen sollte. Sie raubte mir mit einem Paukenschlag die Leichtigkeit der Jugend.
Das Gehen im sandigen Heidearreal ist mühelos. Es lässt *'die Sache'* vergessen. Doch Heide und Sumpf wechseln wie Leichtigkeit und Schwere. So ist der Weg. So ist das Leben.

Mit dem nächsten Feuer werde ich sie unverarbeitet und endgültig dem Universum übergeben.

Hinter der sandigen Ebene liegt ein kleiner, morastiger Tümpel. Ein Bruchwasserläufer sieht mich an.
Die Sonne steht tief, wenn sie am nördlichen Himmel entlang zieht. Ich trage keine Uhr. Ich weiß, dass die Nacht beginnt. In einem Dünental schlage ich das Zelt auf. Die weißen Nächte sind geheimnisvoll.

Ich denke an die Menschen:

IHR
Jasager
Rückgratlosen
Konfliktvermeider
AnDieEigenenLügenGlauber
FremdeMeinungKritiklosHinnehmer
BravAuswendigGelerntNachsager
FrommInsHimmelchenBeter
EsJedemRechtMachenWoller
Gewissensberuhiger
SoTunAlsObTuer
IHR

Euch allen sage ich ab.
Für Euch ist jede geschenkte Lebenszeit Zeitverschwendung.-
Hier draußen gibt es keine Türen, die verschlossen werden.
Alles ist geöffnet. Mein Herz schlägt Sturm vor Freude. Morgen werden wir den Fuß des Hügels erreichen.

6. Juli

Der zweite Tag der Pilgerschaft hat begonnen. Die Sonne steht hoch im Süden, als ich aus dem Zelt krieche. Nach einer Tasse Kaffee verlassen wir das sandige Tal. Wir setzen die Pilgerschaft fort. Noch einmal führt uns der Weg ans Ufer des bemerkenswerten Sees, des Inarijärvi.
Das diffuse Licht, das sich heute unter dem einheitlichen Wolkeneinerlei ausbreitet, diese schattenlose Welt lässt das Wasser des seltsamen, großen Sees kalt und tief und unergründlich erscheinen.

Einst habe ich mich mit dem Gesagten befasst. Heute befasse ich mich mit dem Gesagten hinter dem Gesagten.
Einst registrierte ich die Bewegungen des Lebens. Heute nehme ich die Schwingungen dazwischen wahr.
Das Leben lebt in der Vielfalt, es lebt im Äußeren, es lebt im Inneren.
Vor allem haben mich Begegnungen und Ereignisse geprägt. Ich sammle sie wie andere Materie. Und ich habe nichts von

alledem vergessen. Von ihnen werde ich erzählen, irgendwann.

Heute begegnen mir nach zwei Tagen zwei Menschen. Mikkal und Bierril sind Fischer. Mikkal hat vor 6 Jahren bei Köln einen Winter im Forst gearbeitet. Vom Kölner Dom war er angetan und als ich ihn danach frage, wie es für ihn gewesen sei, unter so vielen Menschen zu leben, da hält er inne. Er antwortet mir lautlos, wie es so seine Art war. *Ich könnte dort nicht leben, ich würde krank.*

Dann fahren sie raus auf den See. Mittlerweile ist tiefste Nacht. Es wird 2 Uhr sein, als ihr Boot weit draußen zwischen den Inseln meinen sehnsuchtsvollen Blicken entschwindet.

Heute Abend wollte ich den Fuß des Hügels erreichen. Hier am See gefällt es mir. Struppi badet im eisigen Wasser, ich baue das Zelt auf.

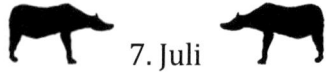 7. Juli

Der dritte Tag der Wanderung hat begonnen. Gegen Mittag kommen Mikkal und Bierril vom See zurück. Sie haben Felchen, Hechte und Forellen gefangen. Bierril reicht mir drei Felchen, dann reichen wir uns die Hände.

In Olivenöl gebratene Felchen, eine Prise Salz,

grob gehackter Pfeffer, das wird ein leckeres Frühstück. Wieder hat einer dieser wunderbaren Tage in Lappland begonnen.

Heute scheint eine wärmende Sonne vom tiefblauen Sommerhimmel auf uns herab. Wir pilgern weiter Richtung Hügel.
Postglaziale, fluviale Sande haben sich aufgebaut. Vor uns

liegt ein weiteres Dünengebiet. Kiefern- und Fichtenwald ist darüber gewachsen. In den Dünentälern erstreckt sich Moor. Das bewaldete Dünenareal endet jäh. Wir stehen vor Wällen zusammengeschobenen Gesteins. Viele Meter hoch türmen sich gewaltige Felsbrocken auf. Endmoränen nie zuvor gesehenen Ausmaßes versperren den Weg.
Am davorliegenden See rasten wir. Der See, der von feinsandigen Stränden umgeben ist, lädt zu einem Bad ein. Ein Waldwasserläufer fühlt sich gestört.

Die Strände am See sind ein guter Schlafplatz.

John Watts, der Sänger und Gitarrist der englischen Rockgruppe *Fisher Z* bringt das, was ich denke, mit seiner verzückten Stimme in fünf Worten auf den Punkt: *'I like the simple life.'* An diesen Satz denke ich oft, wenn ich hier draußen bin.

Sturm zieht auf. Ich sehe hinaus auf das aufgewühlte, wellenschlagende Wasser. Und dann legt sich der Wind beinahe noch schneller, als er kam.

Ein Seidenschwanz fliegt aus einer am Wasser stehenden Birke auf und landet in einem Gesträuch in der Nähe unseres Rastplatzes. Er sieht uns an. Und er überwindet seine Scheu, hüpft auf den Boden herab und kommt dicht zu uns. Er blickt zu mir. Seine Augen stellen die Frage, die ich ihm flüsternd beantworte. *"Ja, wir sind's. Wir sind uns im vergangenen eisigen Winter am Rhein begegnet. Es war so kalt, dass Du und der große Rest des Seidenschwanztrupps selbst die bittern, schwarzen Beeren des Ligusters nicht verschmäht hast. Da habe ich Dir zugerufen: 'Im Sommer werden wir Dich besuchen.'*

3000 Kilometer sind wir gefahren und heute sehen wir uns wieder. Wir betreten Deine Heimat, in der wir uns als Dein Gast erweisen werden. Voller Ehrfurcht verneigen wir uns vor Dir und Deinem Land."
Dies ist unsere zweite Begegnung. Eine dritte wird es vermutlich nicht geben und so rufe ich Dir zu: *"Lebe wohl, mein kleiner Freund."*
Der Seidenschwanz entfliegt mit derselben Entschiedenheit, mit der er gekommen war und verschwindet in die Weite der Wälder.

Dann denke ich:

Wir werden alleine sterben; dann ist's an allem.
Was war, was ist, was wird?
Wer hört mir zu, wenn ich rede?
Wer liest die Stimmung in meinem Gesicht?
Wer sorgt sich, wenn ich leide?
Wer spuckt auf mein Grab, an das keiner kommt?
Und wer erzählt die Geschichte, die ich verschwiegen habe?

An meiner Seite lebt diese treue, kroatische Seele, der Struppi. Wir sind füreinander da, ohne Ansprüche zu stellen, ohne Eitelkeiten auszutauschen, wir sind leinenlos miteinander verbunden, Leinen los.
So divergent unsere Leben auch sind, das Zusammenwachsen ist ungebremst und wird von Tag zu Tag schöner.
Mit jedem Kilometer, den wir durch diese unsere Welt gehen, wächst der Abstand zu den Verpflichtungen, den äußeren Zwängen. Eigensinn ist pure Lust.

Jeden Tag sterbe ich ein bisschen mehr. Jeden Tag werde ich ein wenig neu geboren. Für dieses immerwährende Neugeborenwerden bin ich ausgezogen, um das lautstarke Trommeln im Innern mit der Tiefe des Schweigens in diesen Wäldern zu besänftigen.

Am Abend erreichen wir den Hügel. Rechtzeitig zur Mitternacht liegen wir auf der Höhe, auf dem Fjäll. Es weht ein erfrischender Wind aus Südwest. Nirgendwo kann ich etwas erkennen, das mich an einen Opferplatz erinnert. Ich entschließe mich, ein archaisches Zeichen zu setzen. Aus der unmittelbaren Umgebung trage ich Steine zusammen und errichte ein Steinmännchen. Wer weiß, vielleicht wird sich einst ein weiterer Wanderer hierher verirren. Er wird das Steinmännchen antreffen und sich sagen:

'Ich bin nicht allein.'

Morgen werden wir den Rückweg antreten.

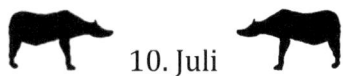 10. Juli

Heute verlassen wir das weite, flache Waldland. Vor uns liegen die norwegischen Küstengebirge der Nordkalotte.

In Näätämö, dem letzten finnischen Ort vor der finnisch-norwegischen Grenze, kaufe ich ein, tanke den Wagen voll und genieße anschließend den Sonnenschein vor der Tankstelle.

Während der Dämmerung, und damit meine ich die Zeit, wenn die Nachtsonne stundenlang, ohne unterzugehen, eine Handbreit am nördlichen Horizont entlang zieht, ist der Mückenflug über dem Sumpfland besonders heftig. Eine Gruppe Rentiere sucht auf dem weiten Areal der Tankstelle Schutz vor den lästigen Plagegeistern. Somit trinke ich in allerbester Gesellschaft Kaffee und plane die weitere Tour nach Nordnorwegen.

3. Nordnorwegen
vom Kosinfjell über Kirkenes, die Varangerhalbinsel, Tanu bru, die Nordkynhalbinsel, das Torskefjell, Kvalsund, das Altensfjell bis Kautokeino

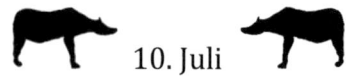

10. Juli

Zur Mitternacht kommen wir auf dem Kosinfjell im äußersten Nordosten Norwegens an. Kurz dahinter befindet sich die Staatsgrenze zur Russischen Föderation. Es ist kalt geworden. Die Temperatur ist auf 8° Celsius gefallen. Ich fahre das Auto vorsichtig über einen steinigen Pfad, um etwa 500 Meter abseits der kaum befahrenen Straße zu parken und zu übernachten. Schlafsack und Wolldecke wärmen mich in dieser Nacht. Irgendwann wache ich völlig durchgeschwitzt auf. Struppi hechelt. Die Sonne steht hoch am Südhimmel. Ich sehe aufs Thermometer. Es zeigt 24° Celsius an. Temperaturschwankungen in dieser Höhe sind im Bereich der

Nordkalotte nicht ungewöhnlich, doch nichts desto trotz immer wieder spektakulär.

Während des Frühstücks lässt mich ein Goldregenpfeifer nicht aus den Augen. Immer wieder fliegt er auf eine Erhöhung, sieht mich an und pfeift.
Im Alter von 12 oder 13 Jahren bekam ich ein Buch des schwedischen Schriftstellers und Fotografen Bengt Berg in die Finger. Ich habe es sogleich verschlungen. In den vergangenen Dekaden habe ich das Buch wieder und wieder gelesen. Es erschien 1917 in Schweden unter dem Titel *'Min vän fjällpiparen'* und noch im selben Jahr in Deutschland unter dem Titel *'Mein Freund, der Regenpfeifer'*.
Wer sich wissenschaftlich über Mornellregenpfeifer informieren möchte, den verweise ich nicht auf Bengt Berg oder gar Alfred Brehm. Doch wer pathetische Prosa trockener, wissenschaftlicher Literatur vorzieht, den wird Bergs Buch bewegen. Leider kann man das Werk heute nur noch antiquarisch beziehen.
Ich war sehr häufig im Fjäll, den Mornellregenpfeifer habe ich noch nie zu sehen bekommen.

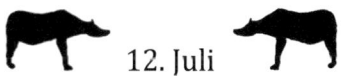

12. Juli

Bevor wir in den nächsten Tagen in die Wildnis entschwinden, verbringen wir den heutigen Tag in Kirkenes. Es ist warm. Mittags steigt die Temperatur auf 29°C. Struppi legt sich in den Marktbrunnen.

Kirkenes hat beinahe 5.000 Einwohner und ist die letzte Station der einmal täglich anlegenden Schiffe der Hurtigrute in Nordnorwegen.

Außerdem enden hier die etwa 3.200 km lange Europastraße 6 (Trelleborg-Göteborg-Oslo-Kirkenes) und die Europastraße 105 (Krim-Moskau-St.-Petersburg-Kirkenes). Gut 10 Kilometer östlich befindet sich ein Grenzübergang nach Rußland.

Die meisten Touristen Mitteleuropas, die die Nordkalotte bereisen, wollen einmal am Nordkap gewesen sein. Das ist ein weiter Weg. Und so verzichten sie zumeist auf Kirkenes. Denn vom Nordkap fährt man über Lakselv, Tana bru und Neiden nach Kirkenes weitere 500 Kilometer.

Die Mitternachtssonne scheint in Kirkenes vom 15. Mai bis zum 28. Juli.

Auf dem Marktplatz unweit des Hotels Artic lerne ich Stine kennen. Stine hat Finnland verlassen. Sie lebt seit 3 Jahren in Kirkenes, wo sie als städtische Kindergärtnerin Arbeit gefunden hat. Seit Tagen scheint die Sonne. Nach der langen Winternacht empfindet Stine das als Labsal: *"Es ist wichtig, das kurze Leben zu genießen."* Sie hat so recht.

Wir stellen uns dieselben Fragen ohne auf die Antworten zu warten:

Warum beurteilen Menschen Menschen?
Warum erheben sie sich über andere?
Weshalb können sie die Freude des einen neben ihrer eigenen, inneren, quälenden Unzufriedenheit nicht ertragen?
Kann nicht jeder den anderen seiner selbst wegen einfach leben lassen?

Das Licht ist euphorisierend und doch ist auch im hellsten Hell der Schatten der Winternacht in vagen Wellen homöopathisch wahrnehmbar.
Stine spürt das. Ich weiß es.

 15. Juli

Heute ist es soweit. Das langersehnte Ziel, die Varangerhalbinsel ist erreicht. Wir haben über 3.300 Kilometer zurückgelegt.
In der ersten Stadt, in Vadsø, lege ich einen Bürotag ein. Die Vorteile des Internets liegen auf der Hand. Kundenkorrespondenzen lassen sich dadurch an beinahe jedem Ort der Welt via E-Mail bearbeiten.
Vadsø liegt am Varangerfjord. Die Stadt hat 6.200 Einwohner und ist die Hauptstadt der norwegischen Provinz Finnmark.

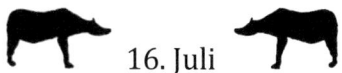 16. Juli

Nahe der Küste haben sich große Trupps von Gänsesägern und Eiderenten versammelt. Zwei Seeadler hocken auf einer Klippe und haben die Wasservögel im Visier. Beide Seiten beobachten sich. Auf beiden Seiten herrscht Anspannung. Über eine Landzunge, die von weißen Sandstränden flankiert wird, gelangen wir in die Ortschaft Ekkerøy. Struppi und ich gehen baden.

Zur Mitternacht scheint die milde Nachtsonne. Ein Trupp Eisenten liegt auf dem Wasser. Das Geschrei der Dreizehenmöwen ist beinahe verstummt.

Mitternacht am Strand von Ekkerøy

Das Land ist so weit, es scheint kein Ende zu geben.

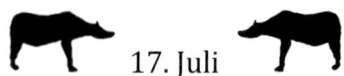

17. Juli

Heute erreichen wir die auf einer Insel gelegene Stadt Vardø. Sie zählt etwa 2.100 Einwohner und ist vom Festland durch einen Tunnel zu erreichen. Wichtigste Einnahmequelle der Stadt ist der Fischfang. Die Stadt liegt im Grunde genommen auf zwei Inseln, die durch eine schmale und kurze Landzunge miteinander verbunden sind. Über die Kirkegata-Straße gelangt man auf den östlichen

Inselbereich. In der Strandgata befindet sich auf der östlichen Straßenseite das Kaffehuset *Kaffebar*, auf dessen Holzterasse wir die Sonne genießen. Die Inhaberin führt das individuell eingerichtete Haus sehr stilvoll. Es werden gute Kuchen, Süßspeisen und vorzügliche Kaffeespezialitäten angeboten.

Vardøs *Kaffeebar*

Auf einer Wiese verbringen wir die Nacht oberhalb des Strandes. Wir liegen im Zelt. Es ist hell. Lediglich eine Gaze trennt den Eingangsbereich vom Draußen. Die Rentiere, die am beginnenden Abend den moskitofreien Strand aufgesucht haben, sind jetzt zur Nachtzeit, da der Mückenflug nachgelassen hat, auf die Wiesen zurückgekehrt.

Während der Dämmerung halten sich die Rentiere vorzugsweise am Strand auf.

Rings ums Zelt weiden sie in aller Seelenruhe.

Der Rotfuchs, der mein Kochgeschirr vorm Zelt beschnuppert, stört sie in keinster Weise. Dass sich Freund Reineke schließlich meine letzten Eier, die ich vorm Zelt deponiert hatte, einverleibt, ist mir zwar nicht recht, vertreiben wollte ich ihn hingegen auch nicht. Die Freude an der Beobachtung war zu groß.

In der Mitte der Nacht unternehme ich mit Struppi einen Spaziergang entlang der Nordküste.
Zwei Schmarotzerraubmöwen versuchen Dreizehenmöwen erbeutete Fische abzujagen. Mittlerweile ist es 2 Uhr. Wann schlafen die Bewohner der Tundra?

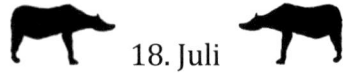
18. Juli

Hoch steht die Sonne am Mittag im Süden über dem Varangerfjord. Kleine Wellen, kraus und unruhig, funkelnd und glitzernd sind in andauernder Bewegung. Das ist ein Meer von Myriaden glitzernder Brillanten. Der Silberschein des Sommervollmondes der gemäßigten Breiten, der sein Licht geradezu über die Landschaft schüttet, erinnert, wenn auch ungleich dunkler, daran.

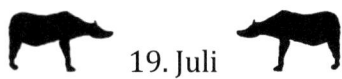

19. Juli

Die Stadt Berlevåg zählt nur etwa 1.000 Einwohner. Sie liegt direkt an der Barentssee. Die Bewohner leben vor allem vom Fischfang. Mitte der 70-er Jahre wurde der Hafen mit Tetrapoden, die selbst schweren Winterstürmen trotzen, gesichert. Seitdem wird Berlevåg täglich von den Passagierschiffen der Hurtigrute angelaufen.

Nach Tagen in der Wildnis schlafe ich heute auf dem kleinen Campingplatz, der von einem Schweizer Ehepaar betrieben wird. Eine heiße Dusche empfinde ich als verdienten Luxus.

Mit Richard, der vor 17 Jahren nach Stockholm ausgewandert ist, plaudere ich bis morgens um 4:30 Uhr. In Nächten wie diesen denken wir nicht ans Schlafen.

Mitternacht auf dem Campingplatz von Berlevåg...

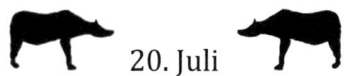 20. Juli

In Kongsfjord treffe ich Caroline. Sie stammt aus der mir bekannten Kleinstadt Pont La'Abbe in der Bretagne. Während der Semesterferien arbeitet sie im *Kongsfjord Landhandel & Café*. Dank einer Jobbörse im Interrnet ist Caroline auf die Stelle aufmerksam geworden. Von solch' einer Jobvermittlung hätte ich zu meinen Studienzeiten vor 30 Jahren gern gewusst...
Der *Kongsfjord Landhandel & Café* ist unbedingt einen Besuch wert. Ladengeschäft und Café befinden sich in ein und demselben Raum. Das Haus wird von Familie Simble geführt. Am heutigen Tag ist der Minister für kulturelle Angelegenheiten aus Oslo angereist, um Simbles einen Preis für ihr Engagement und das außergewöhnliche Ambiente des Hauses zu überreichen. Für alle Gäste werden Sekt und Lachshäppchen, die Herr Simble über kokelndem Gesträuch der Tundra geräuchert hat, gereicht.

 21. Juli

Am Strand mündet ein Fluss, der irgendwo in den Bergen der Varangerhalbinsel entspringt. Hier gibt es Wasser, so rein. Hier atme ich Luft, so erfrischend und aromatisch.

In den Wiesen steht der wilde Schnittlauch in voller Blüte. Seine Stängel verströmen das vollwürzige Aroma ungedüngten Lauchs. Aus der Wand des Felsengebirges, das sich als Senkrechte vom Strand in den Himmel schiebt, ruft ein Kolkrabe.

Am Fuße des Felsengebirges...

Wir befinden uns auf dem Båtsfjordfjell. In der Nähe einer der zahlreichen Seen dieser Hochebenen, dem Geatnjajàrvi, stelle ich das Auto ab. Der See liegt unweit von Gednje, dem Markierungspunkt, wo sich die Straße gabelt um in nördlicher Richtung nach Berlevåg und in nordöstlicher Richtung nach Båtsfjord zu führen. Von hier werden wir morgen zu unserer nächsten Pilgeretappe aufbrechen.

Mein Hund:
Kein Zirkus, keine Hundeschule,
sondern das leinenlose, zügellos,
freie Leben.

3.a. 3. Pilgerweg

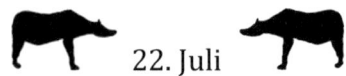 22. Juli

Mit dem Gedanken *'ich habe das Gestern gesehen, ich kenne das Morgen'*, beginne ich die 3. Pilgerschaft.
Der Rucksack ist gepackt. Wir wandern in die Wildnis. Wir queren kilometerweite Schotterebenen. Überall regt sich Leben. Überall quillt Wasser. Das Wasser ist kalt und frisch.

Ich nehme auf meinen Wanderungen kein Wasser mit. Dieses freifließende Wasser der Berge ist gut.

Die Laute zweier um die Gunst der Weibchen werbenden Eisentenerpel waren mir bisher nicht vertraut. Diese Rufe erinnern in keinster Weise an das Geschnatter mitteleuropäischer Enten.
Wo auch immer ich in Lappland in der Tundra gewandert bin, ein Charaktervogel ist stets präsent: Der Goldregenpfeifer! Seine traurigen, langgezogenen, melodischen Rufe begleiten mich auf Schritt und Tritt. Wie leer wäre die Leere ohne seinen Ruf. Und wie sehr höre ich ihn zuweilen in einsamen, dunklen Winternächten in meinem inneren Ohr.

Vom Bach her leuchtet das fette Gelb der Trollblumen. Ein großer Vogel umfliegt mich. Der Körper wirkt schwer. Sein Flug hat nichts von der Leichtigkeit der Weihe, dafür umso mehr von der behäbigen Schnelligkeit eines Torpedos. Metallische Rufe erklingen über der steinernen Hochebene. Nach vier weiträumigen Umrundungen landet der Prachttaucher auf einem der namenlosen Bergseen.
Der strahlende Sommertag verabschiedet sich so schnell, wie der Sturm aufkommt. Das heitere Sommergewölk wird weggeblasen. Von Westen her weht starker Wind. Ein Donnersturm zieht auf. Das Land verdunkelt sich. Wir flüchten ins Zelt. Schon prasselt der Regen, das Zelt hält Stand.
Wie bittersüß schmeckt der drohende Kuss des Todes. Es ist beinahe wie ein Spuk, der Regen endet so abrupt wie er begonnen hat und der Sturmwind endet so plötzlich, als hätte der liebe Gott ein Erbarmen mit all den schutzsuchenden Kreaturen. Nach dem Sturm ist es für kurze Zeit ganz still ge-

worden. Kurz darauf ertönen wieder die melancholischen Rufe eines Goldregenpfeifers über der Heide. Wir kriechen aus dem Zelt. Die Welt ist noch da.

Während ich die sehnsuchtsvollen Flötentöne des Regenpfeifers höre, gehen mir Äußerungen von Thomas von Aquin durch den Kopf. Er behauptete, Tiere hätten nicht die den Menschen eigene *'Sehnsucht nach Geist, nach Selbstbetrachtung'*. Wenn ich retrospektiv auf mein Leben blicke, dann wird mir bewusst, dass ich sehr wohl danach strebe, den Geist zu erahnen. Ich habe dieses unendliche Sehnen in mir. Und das ist letztendlich einer der Beweggründe, weshalb ich unterwegs bin. Es sind saisonal begrenzte Versuche, der Fülle zu entgehen, um die Leere zu empfinden.

Diese Bewusstseinszustände sind leider immer noch Phasen im Vorüber-Gehen. Dieses Leben ist unvollkommen und wird immer noch und immer wieder von Gier und Wut und Neid und Sucht begleitet, überschattet, besessen und gelebt.

Meine tierischen Freunde sind mir in so Vielem überlegen. Sie gieren nicht. Sie süchteln nicht. Sie leben das Leben des Lebens Willen. Sie leben klar und unumschränkt im Hier und Heute.

Über weite Strecken besteht der Alltag aus tumber, dumpfer Gleichförmigkeit. Das Leben plätschert dahin, gerade so, als solle es nie enden.

Der Spannungsbogen vibriert zwischen dem Bewusstsein, dem Göttlichen ein Stück näher zu sein und dem stumpfsinnigen Dahindümpeln im Alltag, bis wir am Ende in röchelnder Agonie vergehen.

Wird der Goldregenpfeifer, der mich aufgeregt von einer Steinerhebung beobachtet und sein Flöten über das weite

Land pfeift, letztendlich dieses Sehnen in sich verspüren, dieses Sehnen, das Erlösung verspricht?

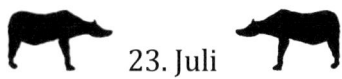

23. Juli

Wir haben die Straßen verlassen. Wir haben Flüsse durchwatet und sind auf Hügel gewandert. Ich denke: Kein Weg ist zu lang. Werde ich dieses Mal auf Artefakte archaischer Riten stoßen? Die Varangerhalvøya ist beinahe waldfrei. In dieser arktischen Hochfjelllandschaft ist das Wandern recht mühelos. Die Hochebenen zwischen dem Syltefjord im Norden und dem Varangerfjord im Süden steigen auf 500 bis 600 Meter an. Die Samen sind einst mit ihren Rentieren bis auf das 630 Meter hohe Plateau des Skipskjølen gezogen. Der Skipskjølen ist unser Ziel.

Als sich die Sonne dem nördlichen Horizont genährt hat, beginne ich das Zelt aufzubauen.

Der Donnersturm über der Ebene...

Nachts um 1 Uhr auf der Straße auf dem Hochplateau...

steht die Sonne tief.

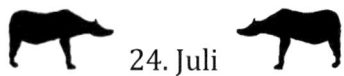 24. Juli

Aus einem Land der Fülle bin ich gekommen, um für den Augenblick weniger Tage auf dieser Halbinsel zu verweilen. Die Fülle des Lichts und der Weite ist es, die mich auf die grünen Hochebenen zieht, begleitet von der erfrischenden

Die graue Gesteinswüste hinter der grünen Ebene...

Brise des gischtgeladenen Windes und dem tiefen Azur der Mittsommernacht.
Dieses Gras- und Heideland wird von frischen Quellwassern versorgt. Einige Tage werde ich dem Gesang der Tundravögel lauschen, bevor ich hinauf wandere auf die felsigen Höhen der vegetationslosen, steinernen Hochplateaus.
In diese Monotonie wandern wir, in spärliches Grün, in felsiger Felsen Grund und nur ein Laut, versteckt zwischen

frostzerfressenem Geröll und Heidegesträuch gibt ein Wiesenpiper von sich, ein Durchzügler, ein Übersommerer, ein Lebensergründer zwischen Stein und Strauch.

Am Abend erreichen wir die erste Hochebene. Dort steht ein Kreuz. Ein Zwischenziel ist erreicht. Die Aussicht ist betörend. Hier werden wir nächtigen.

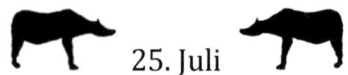 25. Juli

Heute erreichen wir den Skipskjølen. Wir haben uns von Wolken und Gewürm distanziert. Wie ist die Welt soweit hier oben. Ich blicke um mich. Zahlreiche Steine scheinen angeordnet zu sein. Ich bin kein Archäologe. Ich kann das Vorgefundene nicht deuten. Vielleicht haben Wanderer einige der Steine kreisförmig angeordnet. Vielleicht liegen sie aber auch seit grauer Vorzeit formiert auf dem Plateau. Wie auch immer, wir sind am Ziel. Diesen Ort umgibt zweifelsfrei der Zauber des Großen, des Wunderbaren, des sich Nahenden. Hier werden wir unser Nachtlager einrichten.

 26. Juli

Ganz bestimmt haben hier schon des Öfteren Menschen verweilt. Ich frage mich, was die frühen Bewohner dieser Plate-

aus ihren Göttern geopfert haben. Waren die Opfer tierischer oder pflanzlicher Natur? Im Alten Testament wird von tierischen Opfern berichtet, von Wesen, die verbrannt wurden. Der senkrecht himmelwärts ziehende Qualm war ein Zeichen, er war gut, er stieg direkt zum Herrn. Der Rauch verbrannter Kräuter hingegen waberte geisterhaft am Boden vor sich hin, er war unnütz. Die Menschen werteten das unterschiedliche Abzugsverhalten des Rauchs. Fortan wurden ausschließlich Tiere getötet und geopfert.
Was die Menschen der Vorzeit auf dem Plateau geopfert haben, das weiß ich nicht. Gewiss ist, dass sie Jäger zu Land und auf dem Meer waren. Das ist auf den bildhaften Steineinritzungen von Alta sehr eindrucksvoll dargestellt.
Was waren die Beweggründe der Menschen, auf einen Berg zu ziehen, um zu opfern? Handelten sie aus Angst vor göttlichem Zorn? Haben sie sich für ein gesegnetes Jahr bedankt?

Steinritzung eines Bogenschützen zu Boot

Nach dem Frühstück lege ich mich auf eine Felsplatte und blicke in den grenzenlosen Äther. Unweigerlich geht mir ein Gedichtfragment Bertolt Brechts durch den Kopf:

... Und über uns im schönen Sommerhimmel
War eine Wolke, die ich lange sah
Sie war sehr weiß und ungeheuer oben
Und als ich aufsah, war sie nimmer da...

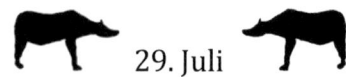

29. Juli

Der Verwaltungssitz der Kommune Tana ist der etwa 600 Einwohner zählende Ort Tana bru. Er liegt an einem bedeutenden Lachsgewässer, dem Tanaelva. Trotz der geringen Einwohnerzahl ist der Ort den meisten Reisenden, die Nordnorwegen besuchen, vertraut. Sowohl die Europastraße 6, die im südschwedischen Trelleborg ihren Anfang nimmt und an Schwedens Westküste entlang über Göteborg weiter nach Oslo in Norwegen führt, um anschließend Norwegen von Oslo ausgehend der Länge nach bis Kirkenes zu durchqueren, als auch die Europastraße 75, die zwischen Tornio und Kemi von der Europastraße 8 in nördlicher Richtung über Inari in Finnland nach Vardø in Norwegen führt, verlaufen beide durch Tana bru.

Heute wandern wir viele Kilometer durch das sandige Flussbett des Tanaelva, Und immer wieder baden wir in seinem klaren Wasser.

Im Flussbett des schönsten Flusses der Welt...

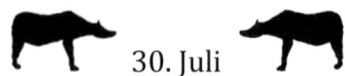 30. Juli

Die Kommune Lebesby umfasst unter anderem das westliche Areal der Halbinsel Nordkyn, auf der am östlichen Ende des Kjøllefjords der Verwaltungssitz Kjøllefjord liegt.

Die heutige Etappe führt von Tana bru am westlichen Flussufer des Tanaelva auf der Reichsstraße 98 Richtung Norden. In Tana folge ich der 98 nach Westen um von Skærnes aus aufs Ifjordfjell zu gelangen. Hier stoßen wir erneut in eine Region vor, wegen der es mich immer wieder nach Norden zieht: Die Tundra. In den Mooren zittern die weißen Fruchtstände der Wollgräser im Wind, die Moltebeeren sind reif, auf einer steinernen Erhebung steht hoch aufgerichtet ein Regenpfeifer, um mich mit seinem langgezogenen Flötenton zu begrüßen.
Mittlerweile reifen im fortschreitenden Sommer die Pilze tausendfach in der Heide. Heute Abend werde ich mir eine Mahlzeit aus frischen Rotkappen und Birkenpilzen bereiten.

 31. Juli

Das Fischerdorf Kjøllefjord ist gleichzeitig das Verwaltungs- und Geschäftszentrum der Gemeinde, in der 1.300 Menschen leben.
Heute ist ein unwirtlicher Tag. Im Hotel Nordkyn wärme ich mich auf.

Nachmittags sitze ich am Strand, blicke übers Meer hinüber zu einer Felsformation, die Finnkjrka genannt wird. Ihre Silhouette sieht gegen den hellen Horizont aus der Entfernung in der Tat wie eine Kirche aus. Währenddessen nimmt Struppi Kontakt zu einem Angler auf. Kurz darauf stellt der Fischer sich vor. Er heiße Håkon und fragt, ob ich wisse, dass ich einen Hund habe, der lachen kann. Ich weiß das, es ist mir wohl bewusst.

In Kjøllefjord lerne ich Uwe und Bine kennen. Sie leben in Ostfriesland und bereisen Norwegen seit 30 Jahren.
Uwe angelt seit seinem 6. Lebensjahr. In Kvalsund gäbe es eine Mole, an der der Gezeitenstrom im Wechsel von Ebbe und Flut mit starker Strömung entlang fließt.
Es reizt mich, das Angeln zu erlernen, vor allem auch deshalb, weil damit die Möglichkeit besteht, mir einen Teil der Mahlzeiten in der Wildnis selbst zu beschaffen...
Uwe bietet mir an, mir an der Mole in Kvalsund wertvolle Tipps für erfolgreiches Angeln geben zu können. Er wird dort mit seiner Partnerin in 4 bis 6 Tagen eintreffen. Wir verabreden uns. Ich freue mich darauf.

Morgen werde ich zur Finnkjrka pilgern. Dort finden in unregelmäßigen Abständen Gottesdienste im Freien statt.

3.b. 4. Pilgerweg

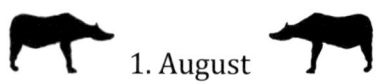 1. August

Heute beginnt meine letzte, bewusste Etappe, der Weg zur Finnkjrka.
Zwischen Kjøllefjord und der Finnkjrka rasten wir. Von der Höhe blicke ich auf den Ozean. Der Seeadler zieht am Höhenzug entlang. Immerzu ziehen, ständig unterwegs, dazwischen irgendwo ein Hafen, den's nicht gibt.

Es ist Hochsommer. Während durch Deutschland eine hellgelbe Blütenwelle des Pastinaks ziehen wird, erfreue ich mich an den nur etwa 1,5 cm hohen Matten des Gegenblättrigen Steinbrechs. Winzige Blüten strecken sich der Sonne entgegen; in ihrer Vielzahl verwandeln sie den Fels zum Ende ihrer Blütezeit in ein beinahe violettes Purpur, das an die liturgischen Farben der katholischen Kirche während der Fasten- und Adventszeit erinnert.

Und während ich inmitten dieses Blühens liege, die Milde der Mittagssonne tanke und Struppi den vorbeiziehenden Rentieren nachschaut, da denke ich auf einmal an Luka.

Es ist eine kleine Ewigkeit her, als wir uns an der Ostseeküste in der Nähe von Preetz begegneten. Es war Herbst. Die Kraniche zogen. Er wollte sie sehen. Ich wollte sie sehen. Das war der Beginn unsere Begegnung.

Luka wohnte in Welzow unweit des Partwitzer Sees. Ich wohnte zu der Zeit in Lügde.

Einige Male haben wir uns besucht. Natürlich sprachen wir über Vogelbeobachtungen. Doch dabei sollte es nicht bleiben. Der Austausch war tief und intensiv und gut für die Seele. Er war berührend. Eines Tages teilte mir Luka etwas von sich mit, das ich nie zuvor und auch nie wieder im weiteren Verlauf meines Lebens von einem Menschen zu hören bekam: "Manchmal bin ich ungeheuer neidisch", sagte Luka. Neid trennt die Menschen seit je her. Jeder weiß das. Jeder kennt das. Und doch sind es stets die anderen, die neidisch sind. Wie viel Mut und Größe gehört dazu, sich dies sich selbst gegenüber nicht nur einzugestehen sondern es gar nach außen hin zu vertreten?

Luka hatte Mut. Luka hatte Größe.

Und dann haben wir uns aus den Augen verloren. Warum? Ich weiß es nicht. Es ist so.

Vor vielen Jahren erreichte mich ein Brief von Luka aus Banyasi. Das ist ein Dorf westlich von Tamale in Ghana. Dort hat er zu der Zeit gelebt. Und das ist nun auch schon wieder so viele Jahre her.

2. August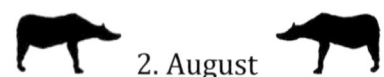

Ganz sanft ist das Meer zur Mitternacht. Ich sitze vorm Zelt auf einer den Fels überwachsenen Matte aus Krähenbeeren, mein Hund blinzelt der Nachtsonne und dem blitzenden Ozean entgegen.
Sprachlos breitet sich die helle Nacht vor uns aus. Vom Felsplateau sehe ich hinunter auf die brodelnde See. Eine Gruppe Tümmler schwimmt vorbei.
Wir nächtigen oberhalb der Finnkjrka am Ende des Kjøllefjords. Von hier aus haben wir einen weiten Ausblick auf die Barentssee, diesem kalten, klaren Meer zwischen Svalbard, Nowaja-Semlja und Nordnorwegen.

Ich habe so viel Nacht durch mein Leben geschleppt. Ich entzünde ein Feuer aus abgestorbener, trockener Heide. Der Rauch weht hinaus auf die wilde, aufgewühlte See. Er trägt einen Teil meiner Nacht mit sich.

Das *Klavierkonzert Nr. 1 C-Dur 2. Largo* von Beethoven verstärkt das Gefühl, die Brücke zwischen Dazugehören und Fremdkörper zu schlagen. Eine Form eines großen Ganzen entsteht. Ich nenne es die wehmütige Melancholie. Es gibt Musik, die das Göttliche streift und berührt.

Und wieder wird das Buch der Fragen geöffnet:

Was bleibt am Ende einer Liebe?
Was bleibt am Ende eines Lebens?
Werden wir zu Sternenstaub vergasen?
Werden wir uns im Äther verlieren?
Bin ich gekommen, um zu gehen?
Wo bin ich zu Hause?
Wo ist die Heimat?

Davon werde ich erzählen. Und über meine Sehnsüchte werde ich schreiben, an anderer Stelle, später, vielleicht.
Und ich möchte davon erzählen, wofür ich mich bedanken möchte, irgendwann...

Und von den Ohren, die mir zugehört haben, die vergangen sind und sich heute irgendwo da draußen in diesen Weiten unendlichen Azurs versprüht haben. Es gibt diesen Azur, an den ich nicht glaube, doch von wo die vergangenen Ohren immer noch lauschen, wenn ich schweigend schreie...

Ich bin gepilgert. Ich habe magische Orte gefunden. Und ich habe mich dort von einigem getrennt, es den Flammen übergeben. Aber ich habe auch vieles von dort mitgenommen. Ich habe niemandem davon erzählt. Ich trage es in meiner Seele.

3. August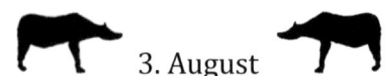

Der heutige Sturm bringt eine Entscheidung. Dieser Sturm zieht eine scharf geschnittene Grenze zwischen Traum und Wirklichkeit, zwischen Einst und Morgen. Er ist andauernd, aufbrausend und obendrein grundanständig. Dies ist der Wind, der zur Umkehr und Veränderung einlädt. Auf ihn habe ich gewartet. Er bringt mich auf die Erde, er ist unerträglich und wunderbar.
Das Morgen wird Neues bringen. Doch das Neue war schon immer in mir. Der Sturm bringt es zum Vorschein.
Da, wo ich durch Stürme ziehe, wo ich mich von Strudeln zum Grund hin trudeln lasse, wo ich mich Feuern widersetze und mich der eisige Regen nicht erweicht, wo ich dem Anvisieren der Pupille des braunen Bären nicht widerstehe, wo mich meterhohe Wellen wieder und wieder an den Strand zurückwerfen und ich wieder und wieder der offenen See entgegen schwimme und wo ich verzweifelt bin, das sind die Momente, in denen die Prozesse beginnen, an deren Ende die Klarheit leuchtet.
Dort werde ich reifen, dort beginne ich erwachsen zu werden.
Am Abend steigen wir aufs Torskefjell. Hier oben werden wir übernachten.

4. August

Nach durcheinander gewirbelten Grautönen des gestrigen Gewölks ist der Himmel heute freigeweht. Der Himmel ist so sommerblau. In der vergangenen Nacht flaute der Sturm ab. Im Windschatten eines Felsens genieße ich den Blick über den Sammelsund, einem Meeresarm, der die Insel Kvaløya im Südosten umfließt. Hier oben bin ich dem Himmel so nah. Und ich weiß mit der uneingeschränkten Gewissheit, dass es Luka gut geht...

Mittags verlassen wir das Torskefjell, seine quellenden Wasser, die Sturzbäche, sein Blühen und ich denke an Friedrich von Hardenbergs Strophen:

"Es quoll und trieb nun überall
Mit Leben, Farben, Duft und Schall,
Sie schienen gern sich zu vereinen,
Daß alles möchte lieblich scheinen."

Oft denke ich an meine Mutter. Mit ihr verband mich die Liebe zur Poesie.
Und in meinen Träumen, da sprechen wir zuweilen miteinander. Wir sprechen über Dinge, die im fortschreitenden, nächsten Morgen drohen, in einem diffusen Gedankenbrei zu versinken. In der Regel bringe ich den Traum bzw. seine Fragmente sofort zu Papier. So kann ich zu einem späteren Zeitpunkt nochmals darüber reflektieren.

Mitunter setze ich mich an ihr Grab. Dann erzähle ich ihr, was mir so durch den Kopf geht. Und ich stelle Fragen. Auf die Antworten musste ich noch nie warten. Bevor ich gehe, lege ich einen Kiesel auf ihren Grabstein. Dieser jüdische Ritus hat etwas von Verbindlichkeit. Bräuche können elementar sein. Und Bräuche können Halt geben. Ich kann sie geistig bildlich begreifen oder eher im Äußeren gegenständlich - figürlich.

Mit derselben Regelmäßigkeit, mit der ich Mal für Mal einen Kiesel auf den mindestens einen Meter hohen Stein lege, mit derselben Regelmäßigkeit verschwindet er auch wieder. Sollten sie weggeflogen sein, diese stets faustgroßen Kiesel? Oder gibt es in der Verwandtschaft gar einen Antisemiten? Ich weiß es nicht. Despektierliche Äußerungen habe ich gelegentlich von Familienmitgliedern gehört. Akzeptiert habe ich sie nie. Im Gegenteil.

Ich erinnere mich, wie ich mit Isabelle durch Mainz schlenderte und wir Zeugen von übelster Rassenhetze wurden. Isabelle forderte mich zum Weitergehen auf. *"Leg Dich bloß nicht mit dieser Überzahl Wahnsinniger an."* Ich weiß nicht, ob ich heute besonnener und zurückhaltender reagieren würde. Ich glaube es nicht. Damals ist mein Blutdruck in Millisekunden in pathologisch besorgniserregende Höhen geschnellt. Ich habe diese Proleten, deren IQ allergrößter Wahrscheinlichkeit nach weit unterhalb als der eines Lemuren anzusiedeln ist, mit einer so ungeheuerlichen Schreikanonade überrumpelt, dass es binnen Sekunden zu einem Massenauflauf kam. Die Banausen haben sich schleunigst mit den leisen Worten *"Ist ja gut"* in die Menge verabschiedet. *"Nichts ist gut"*, brüllte ich ihnen nach. Auch diese Menschen sollen Teil der Schöpfung sein. Das ist unvorstell-

bar. Mir sind Rassisten und Nationalisten einfach unerträglich. Und der Weg der Verzeihung bringt mich auch im Nachhinein an meine persönlichen Grenzen.
Nie und um keinen Preis der Welt werde ich mich beugen. Niemals.
Der bereits 1924 viel zu jung verstorbene Autor Franz Kafka, durch dessen teils unvollendete Werke sich eine, wie ich finde, nur zwischen den Zeilen fein und unsichtbar versponnene Melancholie bemerkbar macht, hat mich mehrfach in seinen Bann geschlagen. Sensible Menschen gehen sensible Wege.
Bezüglich der erwähnten Einfaltspinsel aus Mainz geht mir ein Lied von Heinz Rudolf Kunze durch den Kopf. Es ist ein Lied über Franz Kafka und heißt schlicht und einfach 'K'. Ich zitiere daraus einige Strophen:

... Verbrenne jedes Blatt Papier
Max sei so gut ich fleh dich an
ich kann nur dann in Frieden fort
wenn ich mich drauf verlassen kann
es ist zwar jede Zeile wahr
doch davon wird die Welt nicht gut
ich geh vor Ausbruch der Gefahr
nach mir ein Ozean von Blut...

... Nie klang die blonde Mutter Sprache
so entrückt wie bei ihm
ein böhmisch depressiver Jude
mit den Worten intim...

*... Er hat die Schienen schon geahnt
an deren Ende Auschwitz lag
er schrieb dem Faust sein Schibboleth
Franz Kafka
das Rätsel aus Prag*

Ich denke: *Principiis obsta!*

Nach Mutters Tod kaufte ich ein großes, massives, bronzenes Grablicht. Ich bat meinen Vater, es von der Friedhofsverwaltung setzen zu lassen. Somit könne ich bei meinen Besuchen stets ein Licht in die Nacht tragen. Licht ist so wichtig. Die Laterne wurde nie aufgestellt. Und als ich Jahre später meinen Vater nach ihrem Verbleib fragte, da wusste er von nichts. Er hat es vergessen. Mutters letzten Geburtstag, an den hat er auch nicht gedacht. So ist das Leben. Wir werden alt. Wir vergessen. Und ich frage mich: *'Wenn ich einst alles vergessen habe, woran werde ich dann noch denken?'*

Ein Licht in die Nacht tragen, nie aufgeben, immer wieder entzünden, das ist ein Weg.

Meine Mutter hat mir sooft Gedichte vorgelesen. Und ganz bestimmt war es sie, die dieses Feuer in mir entfacht hat, dieses bis heute anhaltende, große Interesse an Dichtung. In jeder fremden Stadt besuche ich einen Buchladen. Der erste Weg führt mich in die Lyrik-Abteilung. Und diese Abteilung ist stets verschwindend klein. Leben denn in meinem Land vor allem Rationalisten? Ist denn nach der zu Träumen anregenden Musik nicht die Dichtung das Größte und Ergreifendste? Sind die Menschen einfallslos und dumpf geworden? Ist ihnen die Berührung durch Worte abhanden gekommen? Mir graust, dass auf Schulen Gedichte interpretiert wurden. So entstand Abneigung etwas unfassbar Großem gegenüber. Entweder ich werde von Worten berührt und überwältigt oder nicht. Im Sommer des Jahres 1981 lass ich zum ersten Mal das Gedicht *Der Schmetterling* von Hermann Hesse. Ich bekam eine Gänsehaut. Und damit meine ich nicht eine gedankliche Gänsehaut. Nein, ich bekam sie wirklich, physisch. Und das geht mir noch heute so.

Poesie kann mich berauschen und entzücken, sie kann mich elektrisieren und gar überwältigen. Das ist so. Und das lasse ich auf mich einwirken. Aber ich werde mich hüten, es zu hinterfragen oder gar zu interpretieren.

Vielleicht gibt es heute eine neue Lehrergeneration, Lehrer, die in der Lage sind, diesen Funken zu entzünden, diesen Funken, der ein flammendes Inferno im Innern entfacht.

H. Hesses Gedicht möchte ich an dieser Stelle vorstellen:

Der Schmetterling

Mir war ein Weh geschehen,
Und da ich durch die Felder ging,
Da sah ich einen Schmetterling,
Der war so weiß und dunkelrot,
Im blauen Winde wehen.

O du! In Kinderzeiten,
Da noch die Welt so morgenklar
Und noch so nah der Himmel war,
Da sah ich dich zum letztenmal
Die schönen Flügel breiten.

Du farbig weiches Wehen,
Das mir vom Paradiese kam,
Wie fremd muß ich und voller Scham
Vor deinem tiefen Gottesglanz
Mit spröden Augen stehen.

Feldeinwärts ward getrieben
Der weiß' und rote Schmetterling,
Und da ich träumend weiterging,
War mir vom Paradiese her
Ein stiller Glanz geblieben.

Hermann Hesse

Immer wieder stießen meine Mutter und ich auf neue Gedichte. Und immer wieder wurden natürlich auch die altbekannten vorgetragen. Es gibt so viele Gedankenfragmente deutscher Dichtung in meinem Kopf.
Sie ziehen sich seit Jahrzehnten wie ein roter Faden durch mein Leben. Sie sind besitzlose, treue Begleiter geworden.
Hier seien nur einige sehr wenige aufgelistet, die mir auf dem felsigen Torskefjell spontan einfallen:

Mascha Kalékos *'Lied im Schnee'*
Erich Frieds *'Aber'*
Rose Ausländers *'Mein Venedig'*
Gertrud Kolmars *'Wappen von Allenburg'*
Heinz Kahlaus *'Kein Gott'*
Wolf Biermanns *'Ermutigung'*
Reiner Kunzes *'Silberdistel'*
Rainer Maria Rilkes *'Herbst'*
Marie Luise Kaschnitz' *'Geschwister'*
Kurt Tucholskys *'Mutters Hände'*
Hermann Hesses *'Kennst Du das auch'*
Erich. Kästners *'Der Mai'*
und Klassiker wie
Schillers *'Die Bürgschaft'*
F. von Hardenbergs *'Es färbte sich die Wiese grün'*
Friedrich Hebbels *'Herbstlied'*
Theodor Storms *'Meeresstrand'*

... und natürlich, beinahe hätte ich es vergessen, Bertolt Brechts wunderbares Gedicht *'Erinnerung an Marie A.'*

Am frühen Abend erreichen wir Kvalsund. Bine und Uwe sind noch nicht eingetroffen.
Ich habe Uwes Worte im Ohr. *"Wir treffen uns in 4 bis 6 Tagen in Kvalsund an der Mole."*
Wir sind uns in Kjøllefjord zum ersten Mal begegnet. Ich habe die beiden nie zuvor gesehen. Ich habe sie kennengelernt, ich habe sie angesehen und ich weiß: Die kommen. Ich werde hier bis zum Beginn des 7. Tages warten.

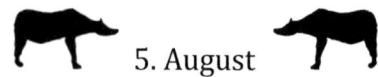 5. August

Vormittags kommen Bine und Uwe mit ihrem Wohnmobil an der Mole in Kvalsund an. Wir trinken einen Kaffee zusammen und plaudern über das Erlebte der letzten Tage. Anschließend geht Uwe mit mir auf die Mole. Wir beginnen zu fischen. Die Strömung ist gewaltig. Direkt unter mir zieht in etwa 5 Meter Tiefe ein Schwarm Fische entlang. Ich lasse die Schnur mit dem Pilker hinab, sofort erfolgt der erste Biss. Nach erfolgreichem Angeln essen wir mittags frischen, gebratenen Köhler in ihrem Wohnmobil und trinken ein Bierchen dazu.

Im starken Tidenstrom bilden sich gewaltige Strudel.

frisch gefangene Köhler

Mantel- und Sturmmöwen finden sich, kaum haben wir begonnen zu fischen, ein. Sie warten auf die Innereien. Struppi auch...

Der menschliche Geschmackssinn der zivilisierten, westlichen Welt ist mit dem Beginn der Industrialisierung Zug um Zug dem steuernden Willen der 'Macher' der Konzerne verfallen. Die heutige Jugend unterliegt ihm beinahe komplett. Längst beißen viele Menschen lieber in einen schlaffen Burger als in eine knackige Möhre.

Meines Wissens werden zahlreiche, industriell verarbeitete Hundefutter ebenfalls derart mit Geschmacksstoffen *veredelt,* dass sie wirklich jedem Hund schmecken. Somit unterliegen nun auch unsere, treuen, vierbeinigen Freunde den Machenschaften der Futtermittelindustrie.

Mein Struppi beschnupperte die Fischreste (Köpfe, Flossen, Rückgrat und Innereien) anfangs nur. Schließlich entschloss ich mich, sie zu kochen, allerdings ohne sie mit glutamathaltigen Würzmitteln zu *verfeinern*. Diese Portionen wurden noch immer argwöhnisch beschnüffelt. Er ließ sie stehen und hockte sich neben mich. Er bettelt nicht. Er sitzt nur da und schaut mich an. Doch diesem Blick halte ich Stand. Es gibt nichts anderes. Nachdem ich mein Fischmahl verzehrt habe, schleicht Struppi wieder zu seiner Portion, beschnuppert sie, beleckt sie und entscheidet sich schließlich für einen durchgekochten Köhlerkopf, den er jedoch noch einige Male fallen lässt. Dann beginnt er zu kauen und schließlich hat er ihn hinuntergewürgt, wie das so die Art der Hunde ist, wenn es schmeckt. Danach geht alles ganz schnell. Der Napf wird geleert und anschließend mit der Zunge blankgeputzt. Geht doch, denke ich. Und von Tag zu Tag wird er 'mutiger'. Einige Tage später weckt sogar der rohe, ganze Fisch sein Interesse.

Die gekochten Fischreste beginnen Struppi zu schmecken.

Beim Gedanken an das skrupellose Wirken und Handeln der Lebens- und Futtermittelindustrie kann einem angst und bange werden. Unser Geschmack wird manipuliert, und in diesem *unser* schließe ich mich ein.
Ich trinke gerne Trinkjogurt mit Himbeergeschmack. Trinkjogurt, das klingt irgendwie gesund. Innerhalb kurzer Zeit habe ich einen 1/2 Liter getrunken. Im Kleingedruckten lese ich dann, dass dieser Trinkjogurt 16 Gramm Zucker enthält, 16 Gramm Zucker je 100 ml. Somit habe ich mit dieser Milchmahlzeit 80 Gramm puren Zuckers zu mir genommen. Das entspricht beinahe der Menge einer Tafel Schokolade, einer *Schokolade reinsten Zuckers.*
Firmen wollen Umsätze um jeden Preis. Ich bin froh in einem Land zu leben, in dem der Staat von Zeit zu Zeit regulierend den Vorstellungen der Industrie Einhalt gebietet. Ginge es ausschließlich nach den Wünschen der Produzenten, dann würden wir vor allem durch ungebremste Gier regiert. Und im Zusammenhang mit dem Begriff der Gier denke ich unweigerlich an das äußerst lesenswerte Buch *Jenseits der Gier* von Frau Prof. Dr. Gertrud Höhler.
In der Mitte des vorletzten Jahrhunderts fand Häuptling Seattle treffende Worte, die all das zum Ausdruck bringen, worüber heute hunderte von kritischen und informativen Büchern im Büchermarkt zu finden sind. Er sagte:

"Das ist die Art des weißen Mannes."

Gebratenen Köhler kannte ich einzig und allein als paniertes Seelachsfilet an der Fischbude oder im Restaurant. Und ich wusste noch nicht einmal, wie er als ganzer, kompletter Fisch eigentlich aussieht.

Bine und Uwe habe ich irgendwie auf Anhieb gemocht.
Bine ist 50 Jahre alt, psychotisch, schizoid, berentet... und geradeaus,
Uwe, Anfang 50, leidet an Muskeldystrophie, seine beiden Füße haben sich nach innen gedreht, Klumpfüße, Invalide, berentet... und fröhlich.
Zwei verbogene, liebenswerte Seelen, wir finden uns in den unendlichen Weiten des Nordens, so soll es sein. Wir verbringen einen gemütlichen Abend in ihrer fahrenden Wohnung und klönen bis zur Mitternacht. Fahrende haben viel gesehen, Fahrende haben viel zu erzählen.

6. August

Heute trennen sich unsere Wege wieder. Bine und Uwe werden Norwegens Küste gen Süden folgen. Mich zieht es wieder ins Binnenland, in die Berge Richtung Schweden. Ich wähle den Weg der Mitte Richtung Süden.
Vom Altenesfjell überblicke ich den Altafjord. Hier oben lebt die Freiheit. Hier oben liegt das *verlorene Paradies*.
An dieser Stelle gibt es keinen Raum für Neid und Missgunst. Kein Hass, kein Gerede, keine Niedertracht.

Mir sind in Arbeitsverhältnissen so erbärmliche Feiglinge begegnet, dass *'ich gar nicht so viel essen kann, wie ich kotzen möchte'*. Es gibt Menschen, die Freundschaften verraten, um auf ihrer Karriereleiter eine weitere, erhoffte Sprosse zu erklimmen. Sie sind nicht emporgestiegen, sie sind abgrundtief gefallen. Doch sie haben es nicht bemerkt. Und sie können ihre körperlichen Reaktionen damit nicht in Verbindung bringen. Wahrscheinlich ist ihnen noch nicht einmal bewusst, dass sie benutzt worden sind, benutzt von anderen, deren Feigheit noch verächtlicher ist.

Sollte ein *Judas* jemals Erkenntnis erlangen und anschließend den Mut aufbringen, sich im Spiegel zu betrachten, dann wird ihn aus dem Spiegel die Fratze des blanken Entsetzens anstarren.

Doch auch diesen Menschen kann ich heute verzeihen, heute. Denn dem Verzeihen geht die Erkenntnis voraus. Dann, wenn ich erkenne, dann kann ich verzeihen.

Im Umkehrschluss bedeutet Verzeihen jedoch nicht, dass ich weiterhin Kontakt mit solchen Menschen pflege. Menschen, die mich bespitzelt und belogen und verraten haben, übergebe ich dem Äther. Ich entlasse sie, um mich vor ihren üblen Energien zu schützen. Und ich denke mir, dass Gott sie segnen möge...

Sternenfuss & Sommergewölk

Ist es der Tod, der süß an mir leckt.
Rechts fliegt die rote Sonne am Nordhimmel.
Es ist ein Sehnen. Die Menschen schlafen und verschlafen die Mittsommernacht.
Ich habe das Gefühl, ich sei schon mein ganzes Leben hier oben unterwegs...
Oh wie sehr ich diesen immerwährenden Tag liebe. Welche Gnade, dass ich hier den Sommer verbringen darf. Wenn ich zum Ende des lappländischen Sommers zurück nach Deutschland reise, verlasse ich das Land der Mitternachtssonne.
Und wenn die Nacht kommt, dann dunkelt meine Seele. Heute bin ich hier. Und ich denke, dass ich schon immer hier gewesen bin. Ich denke, dass alles schon immer in mir war. Es schlummerte. Es wollte schon immer aus mir heraus, geboren werden, ans Licht.
Die Taube ist das Tier, das sich stets zurück sehnt. Das Entlegene wird sie verlassen, um das Verlorene und Gewohnte zu finden. Sie sucht die Geborgenheit, die Heimat. Ich hingegen trage das Verlorene in die Fremde. Dort ist Heimat.
Heimat ist da, wo der Himmel weit ist.
Und die immerwährende Frage, ob ich in einem *Ninive-* oder *Tarschisch-Bewußtsein* lebe, stellt sich nicht mehr...
Nicht Ninive ist das Ziel. Der Weg führt nach Osten. Der Weg führt in ein neues Bewusstsein. Der Weg führt zum Ursprung. Ich lebe. Danke.

Die traditionelle samische Tracht wird heutzutage meist nur an Feiertagen, Versammlungen oder an Orten, die von Kreuzfahrtschiffen besucht werden, getragen.
Kautokeino ist einer der wenigen Orte Lapplands, in dem einige Samen ihre traditionelle Kleidung auch im Alltag tragen. In der traditionellen Kleidung der Sami werden die drei Grundfarben sowie die Farbe Grün verwendet. Diese vier Farben finden sich in der Fahne wieder. Jede Farbe hat eine bestimmte Bedeutung. Grün symbolisiert die Natur, Rot steht für das Feuer und die Liebe. Gelb für die Sonne und Blau für das Wasser, den Ursprung allen Lebens.

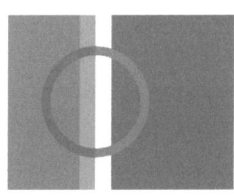

Die Samensiedlung Kautokeino. liegt mitten im nordnorwegischen Waldland. Der Name des Ortes soll so viel heißen wie *die Mitte des Weges*. Und als ich vor Jahren von diesem Sinngehalt erfuhr, da fasste ich den Entschluss, irgendwann nach Kautokeino zu fahren.

Kautokeino, die Mitte des Weges!

Ich sprach mit anderen Reisenden, die auf dem Weg nach Thule die Route durch das schwedische Waldland über Kautokeino wählten. Sie berichteten mir, Kautokeino sei ein verschlafener Ort mitten im Nirgendwo. Dort muss man nicht gewesen sein. Doch nichts in der Welt konnte mich davon abhalten, irgendwann Kautokeino zu besuchen.

Jetzt bin ich hier. Und das ist großartig. Hier gibt es nichts und deshalb bin ich hier. Ich bin gekommen, um das Nichts zu finden. Und das ist es, wonach ich immer gesucht habe. Keine Ablenkung, nur das Wesentliche, die Mitte des Weges, Kautokeino. Ich werde wiederkommen.

4. In den Wäldern Nordschwedens
von Kiruna, über Jokkmokk,, Arvidsjaur bis Swedje

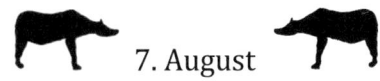 7. August

 Struppi und ich betreten den mitternächtlichen Wald in Schwedens nördlichstem Zipfel von Norrbotten. Wir sind ganz oben. Das Licht dieser Nacht befindet sich in einem Zustand, den ich vor Wochen in Deutschland wahrgenommen habe. Es ist zwiespältig. Es befindet sich im Vergehen. Der Sommer geht. Ich gehe. Struppi geht mir nach. Es ist ein Gehen. Es ist Gehen und Vergehen.
Wir blicken gen Süden und haben eine ungefähre Ahnung dessen, was uns erwartet: Die Nacht.

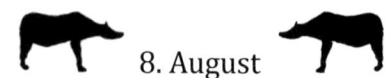 8. August

Die Mitternächte, die folgen, werden folgenschwer. Unsere Sternenfüße, die im Sommerwind verstieben, bedecken sich erneut mit Sternenstaub. Das Konglomerat aus Staub und Nacht macht den Fuß zusehends schwerer. Mit jedem Schritt in die Nacht wird das Heben des ermüdenden Körpers anstrengender, das Absetzen leichter.
Das Licht am Himmel ist befleckt, es weiß nicht, was es will.
Nimm mich mit in die Welt der Schlieren, die sich vor meinen Augen öffnet, wenn ich mich ins Sommergrün lege und zielverloren in die Himmel sehe. Wann werde ich sterben? Wann werde ich erneut erwachen?
Und was wird aus all den gebrochenen Versprechen, die im Herzen Spuren hinterlassen haben. Da ist etwas zurückgeblieben.
Morgens um halb drei kommen wir im Stadtzentrum Kirunas an. Viele Menschen sind unterwegs. Sie feiern, sie lachen, sie leben die Nacht.
Am frühen Morgen erreichen wir die Hütte am Fuße des Pitjasjåkko, wo wir im vergangenen Jahr genächtigt haben. Die Fjälle der näheren Umgebung sind schneefrei. Wir betreten das vertraute, ungebändigte Terrain mit einem tief im Innern sich verströmendem Wohlbefinden. Wir sind wieder da. Das Leben ist wild und weit und unberechenbar. Innerhalb dieser unbegrenzten Wildnis empfinde ich einen vorübergehenden Hafen, eine Heimat, den Osten, Tarschisch. Keiner-

lei Verlangen treibt mich an diesen Ort. Der Ort ist überflüssig. Und doch tut er gut. Ich bleibe.

 9. August

Den heutigen Tag habe ich mit Struppi im näheren Bereich der Hütte verbracht. Heute Abend gibt es eine leckere Mahlzeit. Zwei soeben gefangene Flußbarsche, frisch gebraten und dazu geschmorte Rotkappen und Birkenpilze. Abends lese ich, während Struppi aufmerksam den Geräuschen der einsetzenden Nacht lauscht. Das Wetter verändert sich. Aus dem Nordosten ziehen dunkle Wolken herüber.
Die ganze Nacht über ist starker Regen aufs Hüttendach geprasselt. Die ohnehin schon klare Luft ist noch klarer. Beim rauschenden Geräusch des Regens einzuschlafen ist wunderbar.
Um 6 Uhr wache ich auf, sehe aus dem Fenster zum Fluss, der hinter Gardinen von Regentropfen nicht mehr zu sehen ist.
Dann zieht ein Donnersturm über die Gebirge. Struppi liegt dicht neben mir. Bevor ich wieder einschlafe, sehe ich zum Fenster und rufe "Herr, bitte stoppe diesen verdammten Regen!"
Um 9 Uhr scheint mir die schwedische Sommersonne ins Gesicht.

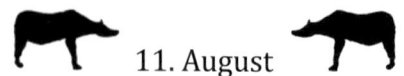

11. August

In Jokkmokk begegne ich Chayenne aus Cantwell, Alaska. Vor über 3 Monaten hat sie sich einen Hinflug nach Europa gekauft. Chayenne hat kaum Gepäck dabei. Mit ihrer Gitarre tritt sie spontan in Kneipen auf, verdient genug, um sich ihr Unterwegssein zu finanzieren. Wir gehen ins *Café Gasskas* und sprechen über unsere Träume und Wünsche, eben über die Dinge des Lebens.

Oft ähneln sich Ansichten und Lebenswege. Wir kommen auf Sean Penns Film *Into the Wild* zu sprechen...

Wer auf der Suche ist und weiß, dass er seinem Ziel täglich ein wenig entgegen kommt, der findet in diesem Film ein bemerkenswertes Stück Bestätigung für sein eigenes Denken und Handeln.

Der Protagonist Christopher gelangt schließlich ans Ziel, nach Alaska und lebt einige Wochen in einem ausrangierten Bus, der in der Wildnis steht und den er findet. Und in eben diesem Bus hat Chayenne vor Jahren mit ihren Freunden Partys gefeiert. Es gibt ihn also wirklich, diesen Bus, irgendwo in der Wildnis, irgendwo in Alaska unweit von Cantwell...

Manchmal begegnen mir Menschen und dann denke ich, dass ich zuweilen eine seltsame Fähigkeit habe: Ich sehe die Gedanken zwischen den Gedanken.

Morgen zieht Chayenne weiter. Wohin? Sie weiß es noch nicht. Und morgen werde ich Jokkmokk verlassen. Wohin? Werd' ich dann schon sehen...

Nachmittags lerne ich in Jokkmokk die Zwillinge Áile und Gunná kennen. Die beiden Saminnen erzählen mir von ihrem Land.

Lappland ist kein eigener Staat. Sein Territorium, das die Samen Sápmi nennen, liegt im hohen Norden Europas und erstreckt sich über Teile Norwegens, Schwedens, Finnlands und Nordwestrußlands.

In der Antike gab es weder den Begriff Lappland noch den Begriff Sápmi.

Es gab hingegen eine Region, ob es sich um ein Land oder eine Insel handelte, war ungewiss, im hohen Norden, die über Jahrhunderte den Namen Thule trug.

Heutzutage haben die lappländischen Areale Schwedens, Norwegens und Finnlands eigene Wappen, seit 1986 existiert eine länderübergreifende samische Fahne.

 das Wappen des norwegischen,

 das des finnischen

 und das des schwedischen Teils Lapplands

WIR

Wir kommen aus dem Süden.
Wir kommen aus dem Westen.
Wir kommen aus dem Osten.

Wir bespeicheln diese Wildnis, ohne das Recht dazu zu haben.
Wir verpesten diese Weiten mit dem Odem des Vollen.
Wir hauchen unsere geistigen Exkremente bittersüß ins Unberührte.
Wir betreten glattgeschliffene Felsrelikte.
Wir zertreten die Heide.
Wir haben nicht das Recht.

Wir laben uns am sommersüßen Aroma der Blaubeere.
Wir naschen von den Moltebeeren im Sumpfland.
Wir bereiten uns ein Mahl aus Rotkappen und Birkenpilzen.
Wir beginnen, den vagen Hauch des Paradieses zu erahnen.

Wir hören die hohen Töne der Moskitos.
Wir erleben ihre Impertinenz.
Wir bekommen ihre Stiche zu spüren.

WIR

Ich behaupte:

Wer nicht durch das sommerliche Sumpfland Lapplands gewandert ist, der kann sich selbst in seinen kühnsten Phantasien nicht vorstellen, was es bedeutet von Stechmücken bedrängt zu werden.

Und deshalb wird es dabei bleiben, beim vagen Hauch des Paradieses.
Nichts ist vollkommen.

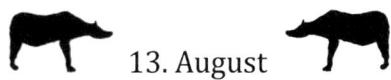

13. August

Am frühen Morgen gegen 4 Uhr wandern wir durch einen lichten Wald zu einem See nahe Arvidsjaur, dem Arvidsjaursjön.
Zwei Tage war das Wetter recht durchwachsen. Heute früh weht ein sachter, erfrischender Wind. Der Himmel ist wieder weit und blau.
Ich schlafe am Sandstrand. Was Struppi währenddessen

macht? Ich weiß es nicht. Vielleicht schläft er auch. Wo? Ich weiß es nicht. *Aber es geht mich ja auch eigentlich nichts an.* Und als ich erwache, es ist bereits Mittag, da liegt er vor mir, sieht mich an und fragt mich lautstark: *"Was gibt's zum Frühstück?"*

Diese Gewässer sind fischreich. Während ein Flußbarsch in der Pfanne brutzelt, trinke ich einen Becher frisch aufgebrühten, heißen Kaffee.
Heute ist wieder einer dieser schwedischen *Bullerbü-Sommersonnentage*. Die Seele schlägt Kapriolen.

Die Schriftstellerin Rahel Varnhagen von Ense schrieb den Aphorismus *Was machen Sie? Nichts. Ich lasse das Leben auf mich regnen.*
Das ist so wichtig, so wahr. Es ist ein gutes Gefühl, sich Zeit zu nehmen.
Stundenlang genießen wir Sonne und See und Strand. Mein Hund ist in Wirklichkeit ein Seehund. Er liebt Wasser.

Arvidsjaur ist eine überschaubare Stadt. Sie zählt etwa 4.500 Einwohner. Die Stadt ist nicht so touristisch wie Jokkmokk. Sie ist beschaulich, es gibt zahlreiche Fachgeschäfte. 1-Euro Läden habe ich nicht gesehen, Gott sei Dank!
Im Zentrum befindet sich die Lappstaden, eine aus dem 17. Jahrhundert stammende Samensiedlung, die heute noch etwa 80 Häuser zählt. Heute ist Lappstaden ein Museumsdorf, das am letzten Augustwochenende von den im Distrikt lebenden Waldsamen als Versammlungsort genutzt wird.
Die 19-jährige Samin Láilá führt uns 3 Besucher eine gute Stunde durch das Dorf. Sie ist ein klarer, offener Mensch von bestechender Geradlinigkeit.

Am Schluss singt sie den traditionellen Joik. Dieser Gesang, der auch völlig wortlos ausgeführt werden kann, zählt, so Láilá, zu den ältesten Musikformen Europas.
Láilás vorgetragene Melodien, das sogenannte *Joiken*, rührt mich zutiefst. Was auch immer sie gerade joikt, ob den Wald, das Licht, ein Ren oder den See, es schwingt und nimmt mich mit auf eine Reise in andere Welten.

Beim Verlassen der Lappstaden frage ich Láilá nach Láhol, den, wie es Bengt Berg 1917 in seinem Buch *Mein Freund, der Regenpfeifer* schreibt, Lieblingsvogel der Samen. *"Wenn Du mir erzählst, der Láhol bewohne die baumlosen Hochebenen, die Fjelle, die Tundren, so kann ich ihn gar nicht kennen"*, entgegnet Láilá. *"Ich bin eine Waldsami, ich lebe im Waldland."*
Jeder Tag in Lappland hat seine eigenen Höhepunkte. Heute ist es zweifelsfrei Láilás ergreifender Joik...

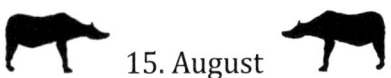

15. August

Swedje: Der Hochsommer beginnt sich zu neigen. Längst sind die cremefarbenen Kerbelblüten vergangen, eine Welle rosafarbener Blüten der Weidenröschen überflutete Schweden und befindet sich im Vergehen. Nichts hat Bestand und ist doch immer.

Lange bevor die Hackfrüchte auf den Feldern geerntet werden, das Land gebrochen ist und den Geruch nasser Erde verströmt, beginnt der Herbst in mir.

Die Mauersegler sind fort. Ihr Sommer ist vorüber, meiner auch. Und dabei habe ich noch so viel zu erzählen, vom Sommer.

Vom Sommer habe ich Ihnen zu erzählen, Ihr nicht, sie hat mich nie danach gefragt.

Heute trete ich die Heimreise an. Meine Tagebuchaufzeichnungen enden in Swedje.

Der heutige Tag ist so, wie ein Tag Mitte August häufig ist. Es ist sommerwarm. Ich schließe mit Erich Kästners Zeilen:

Der August

Nun hebt das Jahr die Sense hoch
und mäht die Sommertage wie ein Bauer.
Wer sät, muß mähen.
Und wer mäht, muß säen.
Nichts bleibt, mein Herz. Und alles ist von Dauer.

Stockrosen stehen hinterm Zaun
in ihren alten, brüchigseidnen Trachten.
Die Sonnenblumen, üppig, blond und braun,
mit Schleiern vorm Gesicht, schaun aus wie Frau'n,
die eine Reise in die Hauptstadt machten.

Wann reisten sie? Bei Tage kaum.
Stets leuchteten sie golden am Stakete.
Wann reisten sie? Vielleicht im Traum?
Nachts, als der Duft vom Lindenbaum
an ihnen abschiedssüß vorüberwehte?

In Büchern liest man groß und breit,
selbst das Unendliche sei nicht unendlich.
Man dreht und wendet Raum und Zeit.
Man ist gescheiter als gescheit, -
das Unverständliche bleibt unverständlich.

Ein Erntewagen schwankt durchs Feld.
Im Garten riecht's nach Minze und Kamille.
Man sieht die Hitze. Und man hört die Stille.
Wie klein ist heut die ganze Welt!
Wie groß und grenzenlos ist die Idylle ...

Nichts bleibt, mein Herz. Bald sagt der Tag Gutnacht.
Sternschnuppen fallen dann, silbern und sacht,
ins Irgendwo, wie Tränen ohne Trauer.
Dann wünsche Deinen Wunsch, doch gib gut acht!
Nichts bleibt, mein Herz. Und alles ist von Dauer.

Erich Kästner

Anhang:

Die ältesten Felsritzungen in Alta sind ungefähr 6.500 Jahre alt. Vor etwa 2000 Jahren entstanden die letzten.

 Braunbär

jungsteinzeitlicher Jäger

 Ren

Dirk Eickmeyer bei Books on Demand GmbH

Wege - *Gedanken-Konglomerate voller Sehnsucht, Wehmut & Liebe*

Die Geschichten beschreiben unter anderem das Nachfühlen der Jahreszeiten, besonders um die Zeit der Tagundnachtgleichen.
Sie entstanden sowohl in Mainz, dem Rheingau und Rheinhessen, Westfalen und dem Lipperland, Nordhessen als auch im deutschen Nord- und Ostseeraum. Allerdings finden sich auch Geschichten aus nördlicheren Ländern, vereinzelt gar Bemerkungen ferner Welten.

erhältlich als:
eBook   6,99 €
Taschenbuch   9,99 €
ISBN: 9783738613230
156 Seiten

Laurin - *Traktat eines Wesens*

In dem Augenblick, da Laurin in mein Leben trat, hat die Veränderung in mir begonnen. Die Prozesse, die Laurin in mir auslöste, waren anfangs von schleichender Langsamkeit, dann überschlugen sie sich und begannen zu fließen.
Doch ich möchte nicht vorausgreifen.
Begonnen hat alles auf einem Feldweg im Nordosten eines kleinen, vergessenen Fürstentums...

erhältlich als:
eBook   6,99 €
Taschenbuch   9,99 €
ISBN: 9783738620818
116 Seiten

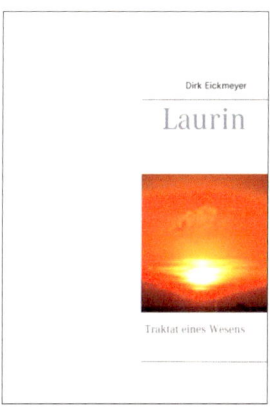

Reise durch Lappland *oder die Überwindung der Schwermut*
Die Erfahrung der Sonne zur Mitternacht, das Erleben absoluter Stille in Lapplands Wäldern und vor allem das *einfache* Leben in der Wildnis führten dazu, die Rangfolge persönlicher Werte zu überdenken und zu erkennen, dass weniger mehr ist.
'Reise durch Lappland oder die Überwindung der Schwermut' beschreibt in teils rhytmisierter Prosa eine Reise aus der Dunkelheit ins Licht, aus der Bedrängnis in die Weite und ist zweifelsohne eine Liebeserklärung an ein fernes Land...

erhältlich als:
Taschenbuch   9,99 €
ISBN: 9783735760821

eBook, farbig   6,99 €
Taschenbuch, farbig   16,99 €
ISBN: 9783735721303
128 Seiten

Dirk Eickmeyer, geboren 1959 in Ostwestfalen, erlernte die Landwirtschaft und arbeitet heute selbständig sowohl im Bereich der Medizintechnik als auch als freier Autor. Er lebt in Bad Salzuflen.

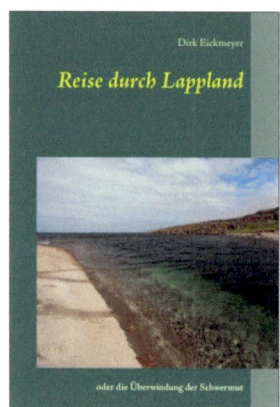